# "买点"方法论

## ——快车道的食品品牌打造法

张劲松　著

SPM 南方传媒　广东人民出版社

·广州·

图书在版编目（CIP）数据

"买点"方法论：快车道的食品品牌打造法 / 张劲松著. — 广州：广东人民出版社，2022.9
ISBN 978-7-218-15929-4

Ⅰ. ①买… Ⅱ. ①张… Ⅲ. ①食品工业—工业企业—品牌—企业管理—研究—深圳 Ⅳ. ①F426.826

中国版本图书馆CIP数据核字（2022）第155120号

"MAIDIAN" FANGFA LUN
—— KUAICHEDAO DE SHIPIN PINPAI DAZAOFA
"买点"方法论
——快车道的食品品牌打造法

张劲松 著

出 版 人：肖风华

责任编辑：吴锐琼
装帧设计：张 磊 陈宝玉
责任技编：吴彦斌 周星奎

统 筹：广东人民出版社中山出版有限公司
执 行：王 忠
地 址：中山市中山五路1号中山日报社8楼（邮编：528403）
电 话：（0760）89882926 （0760）89882925

出版发行：广东人民出版社
地 址：广州市大沙头四马路10号（邮编：510199）
电 话：（020）85716809（总编室）
传 真：（020）83289585
网 址：http://www.gdpph.com
印 刷：深圳市德信美印刷有限公司
开 本：889mm×1194mm 1/32
印 张：7.75 字 数：170千
版 次：2022年9月第1版
印 次：2022年9月第1次印刷
定 价：88.00元

如发现印装质量问题影响阅读，请与出版社（0760-89882925）联系调换。
售书热线：（0760）88367862 邮购：（0760）89882925

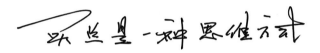

观点是一种思维方式

一切从消费者未被洞察的采点出发

# 推荐序

（企业篇）

一切从消费者未被洞察的"买点"出发，集二十多年设计、咨询、实践的深度思考于一书。"文化不被创造，但可以被占位""让优势更具优势"等诸多观点和案例分享，让人耳目一新，受益良多。

——周广军（苏州稻香村食品有限公司执行董事、稻香村食品集团股份有限公司总裁）

那一次，不知道他是没在公司还是对我不太待见，只让他的太太出来打个照面……第二次，还是我找上门……那一年，我们的产品大卖。之后，我们成了朋友。他开始上门找我了，合作的内容也从包装设计到品牌定位再到展会策划……

——赵利平（广东省文艺评论家协会原副主席、广东省文化学会原副会长、广州酒家集团股份有限公司总经理）

他的演讲从不趋炎附势，讨好别人，也不怎么推销自己，更多的是一针见血地道出企业在战略、战术、品牌、产品、设计及行业趋势上存在的问题。

——李俊（杭州知味观食品有限公司董事长、总经理）

在与众多乙方公司沟通后，我最终还是选择了快车道，其根本原因除了信任之外，还有双方合作多年以来，劲松团队给我留下的踏实务实的深刻印象。任务交过去，提案的质量有保障。

——陈应福（桂林市顺昌食品有限公司总经理）

所有乙方最宝贵的是时间，恨不得赶紧签合同干活。劲松兄没这个，估计他也在挑我们。

——刘敬文（喀什维吉达尼电子商务有限公司创始人）

从最初就月饼项目的合作与张总促膝长谈，到一年又一年的包装形象合作，再到老鼎丰红肠项目全案的落地，从项目合作到团队服务，张总和他的快车道团队用专业的实力一次次给出了让我们满意的答案。

——曹卫平（哈尔滨老鼎丰食品有限公司总经理）

劲松的才华与灵感不止于设计，从产品包装的设计、制作到通过包装引入定位，他用自己的商业洞察与感悟力更深地理解了客户的需求，总能比客户自己更懂客户……劲松积累了二十多年的从业经验，与国内众多响当当的餐饮、烘焙品牌合作，助力客户获得销售业绩与品牌形象的双成功。

——张雅青 [ 旺顺阁（北京）投资管理有限公司创始人、总裁 ]

劲松带领的快车道公司，也正是专注于食品行业，信守和践行了买点方法论……很多企业似乎也都知道"买点重要"这个道理，但却又很难做到知行合一。

——池向东（中华全国工商业联合会烘焙业公会常务副会长、中国食品工业协会粽子行业委员会原会长、北京稻香村食品有限责任公司原常务副总经理）

企业的目的是创造顾客，有两个基本职能——营销与创新。劲松的《"买点"方法论——快车道的食品品牌打造法》是站在市场需求的外部来审视企业存在的问题。

——王福胜（长春中之杰食品有限公司董事长）

"天下功夫，唯快不破"，破在于定位准确，在于内功强劲，在于永恒的动力。快车道张三丰就是叫你如何做到"快""狠""准"。

——黄海瑚（上海海融食品科技股份有限公司总经理）

［推荐详文见附录一：大咖推荐（企业篇）］

# 推荐序

（行业篇）

他善于倾听，但从不迎合客户；他信奉独立思考，观点敏锐，直达客户内心；他收费很高，但从不缺生意。客户的案子要么不接，接了就要给客户创造出价值。

——张帅（中国焙烤食品糖制品工业协会副理事长、秘书长）

我愿意为劲松老师书写这段文字，更重要的原因是，我看过并听过他的《洞察》《买点与卖点》的演讲与文字稿，其中最打动我的是：作为卖方的企业主体，你的一切行为准则的出发点与归宿点必须服从消费客体的买点。因为先有买才有卖，而我们的祖先早就知道这个哲理，是"买卖"而不是"卖买"，我相信你读了《"买点"方法论——快车道的食品品牌打造法》这本书一定会开卷受益！

——翁洋洋（中国食品工业协会坚果炒货专业委员会常务副会长、中国食品工业协会粽子行业委员会常务副会长）

烘焙行业中，做底层逻辑研究的人不多，劲松是我了解的同仁中致力底层逻辑研究时间最长，在工作中应用最好的一位。他带领的快车道品牌咨询，是从被动实践中的主动反思到主动实践中的主动反思这一进程中过渡得最好的企业之一。

——单志明（中华全国工商联合会烘焙业公会常务副秘书长）

猫走不走直线取决于耗子，现在耗子已经拐弯了，猫拐不拐弯，这就是企业的抉择点。越是关键时刻越要重视方法的力量，所以我期待《"买点"方法论——快车道的食品品牌打造法》！

——苏焜（上海焙匠企业管理咨询有限公司总经理、中粮金焙工匠复兴烘焙培训学校校长）

"粗中有细"是指他外表的粗犷和内心的感性细腻形成的巨大反差……不违心迎合，不愿为了多揽生意而委曲求全，但一旦决定合作了就倾尽全力、精益求精，这种坚持和坚守令我非常佩服。

——周峰（美菜网副总裁）

"买点"理论，是张劲松在业内最先提出的。不同于营销行业通常所说的卖点，"买点"是为客户的客户即产品的最终用户着想，当然技高一筹。快车道能陪一个客户走很多年，从无到有、从小到大。

——余维江（深圳市红十三产业投资管理股份有限公司创始合伙人 ）

［推荐详文见附录二：大咖推荐（行业篇）］

自

序

# 我为什么要写《"买点"方法论》

我本科学的是"工业与民用建筑"专业。简单直白地说，就是研究钢筋水泥混凝土的——用多粗的钢筋、多少标号的水泥才能把大楼建好。之所以阴差阳错地注册了一家广告公司，也是大时代下的小概率事件。

20世纪90年代，我直觉"广告行业"会火，立刻去注册了一家广告公司，但其实压根不知道什么是广告，广告公司该怎么做以及我到底要做什么。从帮朋友印名片开始，"挣的钱够不够交停车费啊"是当时流传下来的我和客户之间的段子。后来因把深圳赛格电子市场的所有显眼位置的铝扣板换成灯箱而获得商机，无意中接到一单与食品相关的生意，再后来逐渐把公司定位到食品行业，直到今天一直在打造"食品品牌，首席智库"的路上。一晃已经25年了。

是的，一家公司经营了25年，还是有些"经验"可以总结和分享的。一直就有个念头，试图梳理、整合和输出这些年的案例。但是，总停留在"思考"的阶段，一下笔就被自己的处女座纠结特质绊住，没办法进行下去。写写停停的，居然九年就这样过去了。

经常有合作方说："你们做的这是'品牌全案'，不仅仅是设计啊！你们为啥不告诉别人？"说来也是，每次行业展会上，我们呈现的都只是"视觉表象"，很难去表达和传递我们的"内在思想"。写这本书正是一个机会，告诉大家：快车道是一家品牌咨询公司，25年只做食品行业的企业战略、品牌战略、产品战略、包装设计和广告设计，帮助客户快速摆脱低阶的价格竞争，从而实现从产品到品牌到文化占领的升级转变。

快车道的四大法宝是：

    ○ 买点方法论——一切从消费者的买点出发；
    ○ 半步原则——比市场慢半步、比同行快半步；
    ○ 套种套播策略——所有的动作都要套种套播；
    ○ 消费场景思维——一切创意都要场景导向。

"快车道买点方法论"是一种重要的思维方式，但是有很多企业和企业主陷于产品与卖方思维。经常会有客户说，"我们的产品真的很好，但就是卖不动"。有一种好叫"自己家的孩子最好"。企业和企业主也很容易陷入到这种"自己家的孩子最好"的自说自话中。

其实老祖宗的表达已经很明确了。为什么是"买卖"，而不是"卖买"？为什么是"营销"，而不是"销营"？

不叫"卖买"，是因为先有"买"才有"卖"，有了"买卖"，才有了商业。

你说的话，如果不是消费者所关心的，就不会触动消费者的买点，也就不会产生购买，所以你的东西就卖不出

# CONTENTS

# 目　录

FOOD BRAND
CHIEF THINK TANK

# 1

第一章
买点是什么

如果你在网上搜索"买点"的定义，可能会得到以下答案：

> 买点是指商品所具有的某种让消费者乐于购买的特质，是符合"消费者个体的某种具体利益的"，而且可能是消费者在产品购买和使用的过程中非常在意与希望得到满足的任何东西。

"买点"定义下的特质并不局限于产品本身，产品的使用购买与使用过程带来的欢愉、生活质量的改善、工作绩效的提高、借以避免的损失和减少的痛苦、看重的人际关系等，都可以成为买点。

作为拥有 25 年食品品牌实操经验的品牌咨询公司，快车道品牌咨询会告诉你：充分的购买理由，就是消费者的购买点，我们称之为"买点"。

品牌方发现、确立并传达消费者购买理由，需要运用"买点思维"。

**买点是一种思维方式。**

——快车道"买点"方法论金句

卖点很多，哪个是买点？
这么多买点，哪个是核心买点？

——快车道"买点"方法论金句

咨询公司帮助品牌方在众多竞争对手中脱颖而出，需要运用"买点方法论"。

改变你的思维方式，从卖点思维变为买点思维。用买点方法论研发产品，才能让企业的营销活动获得水到渠成的结果。

那什么是买点？

　○ 买点是商业之始
　○ 买点是消费者需求
　○ 买点是一种思维方式
　○ 买点贯穿人、货、场
　○ 买点可以解决一些问题

# 一、买点是商业之始

买卖，一般指交易双方以实物或者货币为媒介进行的交换活动，目的是换取自己所需要的物品。买卖是人类社会最早、最基本的商业行为。在中国，最早的买卖关系是在周朝出现的。

## 1. 先有"买"再有"卖"

原始社会时期，人们通过以物易物的交换方式获取自己所需要的物资。比如，用一头羊去换一把石斧，一方的需求是得到食物来果腹生存，另一方的需求是得到一件可用于砍伐的生产工具，买卖双方通过交换物品，各取所需。

后来，买卖逐渐发展成为一种以货币为媒介进行的交换活动，从而实现了更加广泛的商品流通。

"买卖"二字在中国流传了几千年，老祖宗称为"买—卖"而非"卖—买"。

> "买卖"二字在中国流传了几千年，老祖宗称为"买—卖"而非"卖—买"。
>
> ——快车道"买点"方法论金句

## 2．先有"买点"后有"产品"

依照快车道品牌咨询的买点理论，消费者表面上购买的是一件产品，实质上则是一个以产品为载体的问题解决方案。

在快车道以往的成功案例中，一句"桂林山水甲天下，桂林桂花伴手礼"，意思就是不仅让游客买到了一件商品，还帮助游客解决了外出旅游时挑选伴手礼的问题。与此同时，还通过"桂林桂花伴手礼，桂林桂花金顺昌"这句话为金顺昌构建了专属性、独占性的竞争优势，促进了销售，塑造了品牌。

大多数游客去桂林游玩，面对琳琅满目的土特产，通常会感到无从下手。由此，我们洞察到很多去桂林旅游的人都会遇到的一个特别实际的问题：到底什么才是真正代表桂林的特产？

桂林素有"桂树成林"的说法，金顺昌先后开发了桂花糕、桂花酥、桂花蜜、桂花茶等众多"桂花系列"产品。以"伴手礼"作为初始买点，借势连小学生都知道的古诗名句"桂林山水甲天下"，后接一句"桂林桂花金顺昌"，消费者很自然地就知道自己应该去哪里购买桂林伴手礼了。

产品不仅因为满足了消费者的某种买点而存在，还因为满足了消费者的某个核心买点而具备市场生命力。

# 二、买点是消费者需求

　　我们知道，美国社会心理学家亚伯拉罕·H.马斯洛提出的马斯洛需求层次理论把人的需求分为五类，从底阶到高阶依次是生理需求、安全需求、爱与归属需求、尊重需求和自我实现需求。

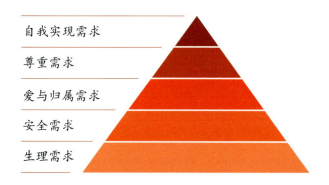

　　马斯洛需求层次理论（Maslow's Hierarchy of Needs），是一种阐述人类"需求结构"的理论，有"七级结构"和"五级结构"两个版本，目前仍以后者传播较广

## 1．与五种马斯洛需求对应的买点

不难看出，不同消费者对产品的要求都不太一样。也就是说，人在不同阶段、不同时刻是会有不同需求的，这就是不同层次的买点。而一旦某种产品能够满足消费者的某种需求，就会触发某种买点，交易就会自然而然地发生。

让我们来看一下与五个需求层次对应的消费者买点分别是什么。

生理需求：消费者只要求产品具有维持生命的某种基础功能即可，比如"饿了—吃—饱了"。果腹和价格便宜是买点。

安全需求：消费者关注产品对身体运行状态的影响。"只吃汤圆不吃胶"，中之杰炫彩汤圆不添加任何人工色素、胶质物与变性淀粉，安全健康。"吃着放心"是买点。

爱和归属需求：消费者关注产品包装是否精美和与众不同，是否有助于提高自己的社交形象。迪莉娅"法国皇室，中国中秋""我知道你的月饼会堆积如山，所以送你一盒经典法式礼物"传达出爱、祝福与浪漫，能够满足更"挑剔"的社交需求，即使价格略高也能接受。"出手很有面子"是买点。

尊重需求：消费者关注产品所具备的象征性意义。月饼最初是用来祭奉月神的祭品，后来人们逐渐把中秋赏月与品尝月饼当作寓意家人团圆的仪式。"花好月圆""天涯共此时""感谢有你"……此时，"好意头"（即好兆头）是买点。

自我实现需求：消费者对产品有自己的判断标准的需要。"臻味"小产区杂粮，是"地里刨的、汗水浇的、老天爷给的……"，满足了消费者对杂粮产地唯一、产量稀有和品质精选的需求，这里"彰显品位，输出个人价值观"是买点。

当然，马斯洛的需求层次理论对人类需求的层级归类有重叠的倾向，对需求获得满足的标准也有模糊的嫌疑，此外，消费者的大多数行为是多动机的，往往同时由多种需求驱动。不过，这也恰恰为"买点理论"的应用提供了更丰富的场景和更多的应用选择。

最关键的是，我们要抓住消费者的"核心买点"。

## 2. 买点思维与消费者的从众心理

当消费者得知有很多人和他购买了同一种产品的时候，就会莫名地获得一种安全感。消费者的从众心理及其行为，其实就是为了满足安全的需求。

在日常生活中，我们很容易被人"种草"，那些"种草大V"往往具有非同寻常的号召力。我们之所以愿意接受他们的推荐，就是因为从众心理在发生作用。消费者的从众心理其实就是买点理论的一种具体应用。

那么，商家应当如何更好地满足消费者的从众心理呢？

首先，打造人气产品。消费者在购买一件商品的过程中，会习惯性地去查看商品的销量和评论。假如某种商品的销量很高、好评很多，潜在消费者会认为自己已经了解了商品的品质，从而引发消费者的从众性购买。

比如，快车道品牌咨询以前为广州酒家策划过的一句网络沟通语"中国月饼大V，粉丝超过8亿"，正是运用了消费者的从众心理，非常有效地吸引了线上消费者的眼球与认同。叶茂中策划机构为北极绒保暖内衣策划的"地球人都知道",是满足消费者从众心理的另一个典型。

其次,让消费者知道"还有谁在买"。很多销售人员在推销产品时,经常会说"某某明星都在使用这款产品,效果不用我说了吧"这一类话,也是基于消费者的从众心理,使其得到一种心理上的依靠和安全保障,提高推销的成功概率。

绝大多数人都会敬佩敢于"第一个吃螃蟹"的人,但也通常不愿意做"第一个吃螃蟹"的人。也就是说,大多数人都会对"有人使用"且据说"相当好用"的品牌非常信任。因此,品牌要好好运用从众心理,对消费者进行引导,而品牌形象代言人的意义和作用就在于此。

### 3．买点与产品的差异化标签

说起瓶装水,大家都会想起农夫山泉这个品牌。除了"我们不生产水,我们只是大自然的搬运工"做代表的情怀式营销打动人心之外,这个广告语也可谓深入人心,值得玩味。

建立自己的个性,突出产品的优良品质。"农夫山泉有点甜"的高明之处在于,当时其他瓶装水品牌的广告诉求大多强调"净化",但这个诉求存在一个很大的问题,假如饮用水纯净得连人体所需要的微量元素也被"净化"了,这明显会违背人与自然和谐共存的需求。

农夫山泉抓住这个点,说自己是"大自然的搬运工",向消费者透露这样的信息:我农夫山泉瓶装水是天然的,能更好地满足人体的代谢需求,是有益健康的。

对消费者来说，是选择一个既无污染又含微量元素的天然水品牌，还是选择一个不包含任何矿物质和微量元素的纯净水品牌呢？

诉求简单，反复强调"有点甜"，容易记忆。农夫山泉为什么要说自己"有点甜"呢？这其实是在做减法。

农夫山泉的水都是取自浙江千岛湖、长白山莫涯泉、广东万绿湖等优质水源基地（属于国家一级水资源保护区）70米以下的深层水，是天然矿泉水，因此即使小尝一口都会感到甘甜。

当其他瓶装水品牌都强调"水质纯净"时，农夫山泉采取差异化策略，从产品本身特点出发，将"水质优良"等背书式描述换成一个十分感性的味觉描述——"有点甜"。这个"甜"字真是绝了，能够直接勾起消费者的味觉感知。

针对消费者，让他们感觉美好。"甜"意味着甜蜜、幸福、欢乐，所以人们会本能地追求甜美的产品和感觉。农夫山泉抓住中国人注重健康的心理，不断强化消费者对农夫山泉"甜"的认知，大力宣传农夫山泉的"甜"是天然的甜，从而有力地与其他品牌区别开来，树立农夫山泉良好的企业形象，触发消费者的购买行为。

综上所述，农夫山泉之所以成功，就在于成功地洞察消费者的核心买点，为产品贴上鲜明的差异化标签，更直截了当地满足消费者的核心买点。

# 三、买点是一种思维方式

## 1. 还在谈卖点？现在是买点时代

在传统消费时代，品牌塑造是以企业自身为中心的。它们制造相对标准化、大众化的产品售卖给消费者，以获得利润和塑造价值。但是，这种消费发生一次之后，消费者与品牌的关联可能需要过很久才会再次被触发。

假如你在1982年的某天购买了一瓶可口可乐，在下次购买行为发生之前，你是不会和这个品牌发生关联的。可乐公司也只能因为消费者的一次实际购买行为而获得相应的收入，这是一种最初阶和质朴的商业交易行为。

而在2022年的今天，消费者在网上购买了一件商品之后，很可能会再顺便去看看其他商品，甚至会"一不小心"就刷了好几个购物App，买了许多本不在计划之内的商品，或者顺便去某个App签个到、领个金币、浇浇树之类的。

这时候，消费者就不止与一个品牌发生关联，往往是同时和许多品牌产生联系。这种联系是多维度、多场景的。消费者对某特定品牌收入的贡献除了直接购买之外，还有口碑推荐、流量裂变等。

飞速演进的移动互联网技术，在极大程度上改变了传统消费时代的商业模式，这就注定了品牌方的营销姿态必须做出转变。

商品的买点也不能是单一、固定的，而是要随着使用场景的变换而改变或叠加。因此更需要品牌方注意针对性地深入洞察具体的消费者买点，除此之外，还要注意不同买点之间的关联性，以便在不同的购买场景下合理露出。

2018年俄罗斯世界杯期间，中国国内市场上电视机销量猛增。当年5月天猫商城总共卖出170万包瓜子、1800万瓶啤酒。更出乎意料的是，除了啤酒、瓜子、小龙虾这些看球零食，世界杯期间爆出的黑马品类中，竟然还有男士面膜。

来自京东平台的数据显示，世界杯开赛之初半小时内卖出了十多万片男士面膜。对比平时，这个销售量增长了几十倍。

这个现象可谓"意料之外，情理之中"。

经常有客户问我："张总，我的产品这么好，为什么卖不出去？"从来没有人说"我的产品很烂，所以卖不出去"，都说自己的产品好。那为什么产品"好"却卖不出去呢？我发现，很多品牌方都陷入了"产品质量"陷阱。

> **俗话将做生意叫"做买卖"，**
> **是先买才有卖，**
> **这是买点的思维方式。**
>
> ——快车道"买点"方法论金句

> 这么多年当中，
> 我们快车道只做三个词、六个字：
> 洞察、观点、创意。
>
> ——快车道"买点"方法论金句

"产品到底好在哪里，满足了消费者的哪些需求？"这是需要我们去深挖的。只有真正从消费者的买点出发，才能让产品展现出它该有的价值和意义。俗话将做生意叫做"做买卖"，**先有买才有卖，这就是"买点思维"**。不妨设想一下，推销人员说了一堆，消费者却觉得和自己没有一毛钱关系，没有触动他内心的购买欲，那就等于没说，自然也就无法引发购买。

洞察消费者的买点，真正满足消费者的需求，才是品牌方应该做的，而快车道所擅长的就是帮助品牌方构建买点思维。这么多年当中，我们快车道只做三个词、六个字："洞察、观点、创意"。

## 2. 买点思维要从洞察"购买的真正原因"开始

为何有些人选择一部手机用到坏，有些人却一出新品就更换？找到"买点"就是要去发现购买行为背后的真正原因。

不管是必需的衣食住行，还是无聊消磨时间，或寻求某些深层次的精神体验，消费者的任何购买行为背后都有一种"真正的理由"。从买点的角度去思考，这个理由很容易被找到。

购买行为的发生，源于消费者的需求，而买点正是源于对消费者需求的洞察。因此，我们可以通过总结和分析消费者购买行为的共同规律，由表及里地提炼出最核心的"买点"。

以快车道此前做过的北京臻味坊"臻味杂粮"项目为例。我们设定的第一个操作步骤是"找到目标消费者"，第二个操作步骤则是对这部分人群做详尽而细致的研究，研究购买动机、决策过程、购买体验、购买态度等，细致深入地研究到底是什么驱使他们做出了某个具体的购买行为。

购买动机。"臻味杂粮"消费者的购买动机并不是基于"渴了喝水、饿了吃饭、冷了穿衣"等生理需求，而是基于"求新、求美、求健康"这一类心理需求。

购买决策。"臻味杂粮"消费者会事先搜集大量相关资料和信息，对产品和品牌产生了足够的信任，然后才做出购买决策。

购买体验。"臻味杂粮"消费者在衣食住行各方面都要求最好的，穿衣要阿玛尼，吃要吃有机食品，住要住别墅，开车要开保时捷等。

购买态度。他们对日常消费品牌有比较高的忠诚度，一旦他们信任了某个品牌，就不会轻易变动，甚至会主动向自己的社交圈推广自己喜欢的品牌及其产品。

在这一系列的购买行为背后，其实都是同一个"买点"，即"追求高品质生活"在操纵。

买点思维有助于我们准确洞察消费者购买的真实原因，也可以用以指引品牌方的产品研发方向和策略，指引产品营销直接驶入"快车道"。

所谓产品研发，正是去研究市场和发现消费者需求。研发

限制你思维的不是贫穷，
而是专业和惯性。

——快车道"买点"方法论金句

人员要到听得见消费者真实声音的地方去，坚决避免任何闭门造车的行为。

如今限制你思维的不是贫穷，而是专业和惯性。

### 3．买点要足够具体

老鼎丰在哈尔滨当地是一个十分知名的品牌，迄今已有上百年的历史。

快车道品牌咨询服务老鼎丰多年。我们通过调查发现，红肠在哈尔滨是一种非常普遍的日常食品，当地有上百家企业在生产和销售红肠。和那些新兴品牌相比，消费者固然更愿意信任"有口皆碑，老鼎丰"。

但是，"有口皆碑"其实是一个不够具体的买点。新产品上市之初，消费者对产品的印象其实是模糊的，他们需要的是一个更加具体、切实的买点。也就是说，快车道的任务是洞察出到底什么样的红肠才是消费者心中的好红肠。只有这样，才能真正有效地传达老鼎丰产品的高品质优势和提升消费者对行业老品牌的信任感，降低他们的选择成本。

# 前槽后鞧肉 一根好红肠

qiū

老鼎丰的红肠产品，品质是一如既往的好，除了坚持使用果木进行明火烤制，还采用高品质、高成本的 2 号、4 号冷鲜肉作为原料。"七分原料，才会十分好吃"，"原料"就是一个具体的买点。

不过，普通消费者对猪肉不同部位的区别并没有清晰完整的理解，有什么更好的方法能让消费者知道老鼎丰的红肠用的是顶级的原料呢？

快车道通过调研和走访发现，东北人对猪肉的部位有一套独有的叫法。比如，作为高品质原料的 2 号肉和 4 号肉，分别被称为"前槽肉"和"后鞧肉"。

前槽后鞧肉，是非常具体的"买点"。

## 4. 买点在精不在多

很多品牌方觉得，消费者的需求正变得越来越复杂，消费者的理念也越来越成熟了。

在快车道看来，为了有效抓住消费者，不仅要快速适应不断变化的消费需求，还要在众多有潜力的买点当中挑出来那个"一击即中"的。买点是"狙击"，不是"扫射"。不要让消费者感到眼花缭乱，引发消费者的选择困难症，否则消费者大概率会选择"不选择"。

**专注于消费者的核心买点，对消费者说透一件事情。**

荣获 2019 年世界食品品质评鉴大会"蒙特奖"金奖荣誉的来伊份"1 号金芒"，直采越南年日照时间超 1500 小时的鲜芒，将原果厚切至约 10 厘米，置于 65℃低温中持续慢烘 5 小时，保持芒果固有的芳香和色泽。

在消费市场芒果产品遍地开花的情况下，消费者需要的并不是"给我一百个尝试的理由让我选"，而是"我想吃和鲜芒果一样的芒果干"。快车道准确洞察到消费者的这个口感需求和心理需求，提出了"肉肉的，厚厚的"芒果肉概念，以再直白不过的方式把芒果"肉"的信息直截了当地传达给消费者。

> **专注于消费者的核心买点，**
> **对消费者说透一件事情。**
>
> ——快车道"买点"方法论金句

# 四、买点贯穿人群和场景

## 1. 从购买人群洞察买点

消费者的购买行为是指消费者为了满足需求和欲望，而寻找、选择、购买、使用、评价及处置产品和服务时介入的过程性活动。

在所有购买行为的背后，其实都有一双隐形的大手在操纵着，这双手就是"买点"。

购买行为的产生，源于消费者购买需求的产生。而买点，则是对消费者需求的洞察。因此，我们可以通过总结和分析消费者购买行为的共同规律来提炼商品的核心买点。

"臻味杂粮"的目标消费者是怎样的一个人群呢？他们是一群具有显著的感性特征的消费者。即使是日常消费，他们也会提出基础功能之外的某种带有精神和心理属性的要求，因为他们非常在意生活品质和品位，而不以价格为第一考虑因素，而且他们对喜欢的品牌极为忠诚。

"臻味杂粮"的消费者买点是一致的，他们需要一款高品质、健康原生态且能展现生活品位的杂粮。据此，我们为"臻味杂粮"确立了"小产区杂粮"这个品牌定位，产品开发也严格依照这个定位展开。

> **分析目标消费人群，**
> **找出购买行为的共性规律，**
> **买点自然就出来了。**
>
> ——快车道"买点"方法论金句

虽然消费者的需求很多变，购买行为很复杂，但并非毫无规律可循，购买动机再善变、购买决策再复杂、购买体验再主观、购买态度再多样，背后的买点是一致的、具体的。我们要做的，就是细致、全面、深入地分析目标消费人群，找出购买行为的共同规律，买点自然就出来了。

## 2．从购买场景洞察买点

我们来设想几个场景——

· 刷剧（看电视剧）的时候，总想吃点小零食。如果这时候看到一款零食包装上写着"刷剧神器"，你会不会立刻产生购买的冲动？

· 涮羊肉，喝二锅头。

· 看足球，喝啤酒，勇闯天涯。

· 吃火锅，喝去火凉茶。

· 人头马一开，好事自然来。

通过对场景要素的不同排列重组，
可进而观察到核心买点。

——快车道"买点"方法论金句

从购买场景出发是洞察买点的另一种方法。

饮料走出商超，植入餐饮场景，洞察到了经常外出应酬人群对健康的新需求，于是诞生了"第五道菜"——天地壹号苹果醋，"不喝酒就喝天地壹号"。由于场景的切换，同一种饮料满足了不同消费者的不同需求。吃惯了餐馆里的大鱼大肉，消费者需要健康解腻。

那在买点方法论中，场景这个概念到底应该如何定义呢？

首先，场景是以消费者为核心的产品体验，消费者对于场景的敏感度一定要远高于任何不从消费者出发的叫卖文字，它可以是一段时间，可以是一件事，也可以是一个地点。很多时候，消费者喜欢的并非产品本身，而是产品所处的场景，以及产品在场景中所能满足消费者某种特殊的需求。

其次，场景能够连接不同群体的不同个体，形成体验，促成消费。找到所属场景，就能找到对应的消费人群。对一种新场景的探索，也是企业主、品牌主的一次"买点发现"之旅：因为场景不仅包含了"对什么人、提供什么价值"，还具体到"什么时间、什么场合"。这也意味着我们可以通过对场景要素的不同排列重组，可进而洞察到核心买点。

# 五、买点思维可以解决哪些问题

## 1．告别自说自话，让消费者主动选你

畅销书《吸金广告》的作者德鲁·埃里克·惠特曼（Drew Eric Whitman）说："很多广告的失败在于只是一厢情愿地自我表白，但要知道消费者从来都不关心你，他们只关心自己。"

大多数广告和产品真的很着迷于这种表白，呈现出很自我、很粗暴的姿态：反正我的产品说明书式的卖点价值都告诉你了，买不买你自己看着办吧。

在这种情况下，如果碰巧踩到了消费者的买点，那也很可能会顺利成交。如果没有踩到，消费者压根不会产生任何兴趣。

对于方太"跨界三合一"水槽洗碗机，消费者才不关心你跨的是什么界，他们只关心这个产品能为自己解决什么实际问题。"岂止会洗碗，还能去果蔬农残"，就满足了消费者洗碗的基本买点和"去果蔬农残"的核心买点。

现在我们用"以终为始"的买点思维方式，站在消费者角度思考：消费者为什么要购买产品？买点是什么？有没有得到解决或满足？

消费者买点是"铁打的营盘"，产品只是"流水的兵"。一定要首先搞定"消费者的买点"这个头等问题，然后再去思

考产品迭代、升级等问题，这样才不会本末倒置。

### 2．让好的产品有好的销路，让消费者购买

"你的产品是什么不重要，重要的是消费者认为是什么。"过去的消费者更注重产品的实用功能和承载实用功能的产品质量，而现在的消费者特别看重产品是否能够满足"自我实现"的需求。

因此，过去的消费者想要什么是可以轻易分类和预测的，而现在的消费者难以用某些标准化的买点去开展批量沟通，他们的购买动机可能是完全个性化的。

谁吸引了消费者的注意力，谁就有进一步达成交易的可能。品牌方与目标消费群体建立沟通，应该秉持一种与消费者谈恋爱的姿态。健康的爱需要以相互了解、沟通和信任做基础，品牌方与目标消费群体之间的关系也该如此。品牌方必须为消费者构建这样一种相互沟通的平台，方能逐步建立起他们的认知，进而激起其购买欲，触发其购买行为。

很多时候，其实不是消费者对你的产品不感兴趣，而是你

> **谁吸引了消费者的注意力，**
> **谁就有进一步达成交易的可能。**
>
> ——快车道"买点"方法论金句

没有让他看到你的产品的价值。当然，要在品牌与消费者之间构建"恋爱型"沟通，前提是产品要具备某种买点，如果买点提炼得不够精准，反而会影响传播效果。

不论产品的买点有多少，都必须找到消费者关注的焦点，才能让消费者那个早就充斥着各种信息的大脑在一个有限的时间、空间和环境中受到足够强度的刺激，这样，产品才可能更好销。

### 3．产品会发光，让消费者一次又一次地买它

当你的产品拥有一个突出的优质特点时，消费者会看到它，并顺带认为这个产品的其他方面也不会差。这个优质特点就是你的产品的光源，也就是我们常说的"光环效应"[①]。

"光环效应"这个名词起初是一个心理学术语，如果说心理学研究的是"人类的行为系统"，那营销学就是专门研究"人类的市场行为系统"的。

现实生活中，一个相貌堂堂、外表庄重的人通常会被陌生人认为更聪明和更成功，而那些拥有某些突出优质特点的产品也会自带光环。

同理，当一个品牌的某个产品成功热销时，也会带动该品牌同一系列产品的销售。光环效应在产品推广过程中的应用，通常会表现为明星产品或明星产品群的研发和上市。

---

① 光环效应（Halo Effect）又称"晕轮效应"，它是一种影响人际知觉的因素。这种爱屋及乌的强烈知觉的品质或特点，就像月晕的光环一样，向周围弥漫、扩散，所以人们就形象地把这种心理效应称为光环效应。

> 营销并非做数学题，
> 品牌的竞争力也并非局部相加。
>
> ——快车道"买点"方法论金句

在为品牌方操作明星产品项目的过程中，快车道品牌咨询经常会遇到一个问题——企业家们通常认为，"我的产品明明有很多个优点，为什么只选择一个？我的品牌明明在多个领域都有市场份额，为什么要放弃其中的一些？"这些疑虑并非全无道理，但是，营销并不是做简单的数学算术，计算品牌的综合竞争力也并非将各部分优势简单加总。

在服务来伊份新鲜零食的过程中，客户给我们提出了一个命题：把芒果干产品打造成明星产品。

这个命题乍一看好像很常见，很多品牌方都会试着去聚焦于某一个产品、某一个概念，但也经常会步入同一个误区：选择"质量好""高品质""口味好"一类含义笼统的字眼。这些词汇也确实是从消费者的真实反馈中筛选出来的，但洞察消费者买点，并不是单纯转述消费者的原话就够了，而是要通过洞察性的思考去发掘消费者的真正需求。

比如面对芒果干这个产品，首先需要思考的是，消费者对零食类产品的需求是什么？答案自然是好吃。但"好吃"这个词太笼统了。快车道通过洞察消费者买点，发现消费者购买芒果干，是为了吃"厚厚的、肉肉的"的芒果肉，那为什么我们

> 消费者买点的洞察并不只是单纯地转述消费者的话，而是通过洞察发掘消费者的真正需求。
>
> ——快车道"买点"方法论金句

还要说"干"呢？

我们直接更改了产品名称，甚至由此创造了一个新的商品品类，将"来伊份芒果干"改名为"来伊份芒果肉"。名称只有一字之差，营销效果却有天壤之别，新品名不仅说明了产品原料的优质，也突出了产品口感的新鲜美味。"来伊份芒果肉"明星产品毫无意外地大获成功，还推动该品牌旗下"1号金芒""4号猪肉脯""百年山核桃"等其他产品的销售，光环效应展现得淋漓尽致。

### 🔊 张口道来

**我要不要请个教练？**

我有个爱好，就是打高尔夫球。

前后十多年了，成绩好的时候打80多杆，差的时候打100多杆。

我总是在劝企业主请咨询公司做教练、智囊，让别人的经验为我所用，但迄今为止，我自己却从未认真地找个教练学学球。这是不是很矛盾呢？

其实我打高尔夫球的目的只是为了玩儿和锻炼身体，就好像大家有空的时候跑跑步一样，一不是为了参加比赛，二也从来不小赌一下，更谈不上要和别人比个高下，所以成绩好坏都无所谓，图个开心而已，因此我请不请专业教练，并不是很重要。

但是企业就不同了，商场如战场，商场是"你死我活"的竞争和搏杀，对手从来不会等你变得强大，市场也不会给你留时间，那么企业主如何在短时间内快速成长？最好的方法，就是请高人指路。因此，专业"教练"是不可或缺的，要全面提升的话，还得同时聘请"技巧教练""体能教练""运动心理教练"等。

可是我做品牌咨询这么多年，竟然还是经常碰到企业主认为："我不需要教练，我自己学。"

作为企业主的你，认为"教练"重要吗？

现代企业的竞争是多层面的，哪个企业主又能是全才呢？如果仅凭一己之力，你又能抵御得了多少个来自各方面的外在威胁？

君子生非异也，善假于物也。

FOOD BRAND
CHIEF THINK TANK

# 2

## 第二章
## 买点之下的战略

战略定位就是帮助企业制定企业战略、品牌战略以及产品战略等。

具体来说，快车道品牌咨询从买点方法论出发，帮助企业构建企业战略，主要是指帮助企业解决"我是谁、我从哪里来、我要到哪里去"等顶层设计问题。更具体来说，是帮助企业制定品牌战略，主要是指帮助企业明确品牌文化属性、设计竞争模型、构建话语传播体系和设计品牌实用 VI 体系等；帮助企业制定产品战略，主要是指帮助企业明确重点产品的战略角色和战略任务，并制定相应的产品开发策略和品类延伸策略等。

从买点出发制定的战略定位，需要基于消费者的买点、企业自身的基因和市场整体大环境，这样的战略才能"可落地、易执行、低成本、特商业"。

> 人们总在思考，未来什么会变，其实更应该思考未来 10 年什么不会变。
>
> ——快车道"买点"方法论金句

# 一、广州酒家集团：
# 聚焦品类，强势占位广式月饼

　　广州酒家始创于 1935 年，是一家有着传奇历史的大型国有上市餐饮食品集团（股票代码：603043）。快车道与广州酒家从 2013 年开始合作，合作项目包含品牌发展战略规划、品牌战略定位、产品开发策略和品牌包装规范等。

　　早在 2013 年底，正值广州酒家上市前夕，董事长林杏绮携集团八大高管来到快车道，希望解决以下几个问题：①如何定位广州酒家？②如何让一个已有七十多年历史的老字号品牌年轻化？③如何突破徘徊多年的月饼销量天花板？④广州酒家的月饼如何走出广州及大广州周边，进而走向全国？

　　数据显示，当时中国的月饼市场年销量大约是 160 亿元，广式月饼占比 70% 以上，而广州酒家的广式月饼只占 3%。广州酒家如何才能成为广式月饼的品类代表？大家都说自己是

> 品牌年轻化，
> 不是年轻人化，而是品牌不老。
>
> ——快车道"买点"方法论金句

"广式"，那如何用一句话来"宣告"广州酒家的月饼才是"最广式"的？广州酒家的月饼产品的发展方向是什么？如何规划未来10年、20年甚至30年的发展？

当时，广州酒家在消费者心中的认知是一家餐饮企业，但它最盈利的业务板块却是月饼。因此需要解决的问题是：让原本认为广州酒家只是一家餐饮企业的消费者认识到"广州酒家还有备受青睐的月饼"。同时还要让购买广州酒家月饼的消费者更加明确自己吃到的是"广式"月饼，而且是广州酒家生产的"最广式的月饼"。

快车道团队对广州酒家集团开展了为期两个月的访谈调研，访谈对象覆盖了董事长、集团副总和集团市场部、集团餐饮连锁部、集团餐饮各分公司以及生产工厂的负责人和员工。这是一场"大动干戈"的寻宝行动，旨在提炼品牌基因，深挖品牌禀赋，盘点品牌资产。

在提案的时候，我拿了一张我的名片递给林董事长，对她说："如果上面我的名字不是张劲松，而是爱新觉罗·劲松，您会有何联想？皇族？正黄旗？我跟溥仪是否有些关系？"……

十多年前的受众对"酒家"这个概念的理解不像今天这么

> 做客户的智囊，
> 客户付的不是保姆费。
>
> ——快车道"买点"方法论金句

宽泛和深入。乍一看到"广州酒家",人们往往会产生这样的疑问——"广州酒家"是广州哪个酒家？酒家不是餐饮行业吗？吃饭的地方怎么会做月饼？月饼不应该是食品厂生产的吗？……

由于广州酒家这个成功案例的教育和示范，很多消费者开始明白过来——餐饮基因、酒家基因恰恰是一个很强有力的食品品质背书，很多餐饮同行也开始争相学习和效仿这一点。

160亿元的月饼年销量，其中70%以上是广式口味，清楚表明了消费者对广式口味月饼的青睐。如何能够让消费者知道广州酒家自带广式宗属呢？广式月饼品牌中，只有广州酒家"姓广"，是"嫡传"而非"庶出"。我们需要做的是，让消费者清晰明白地知道广州酒家生产的是"血统纯正"的广式月饼。

怎样的一句话才称得上清晰明白且适合传播呢？快车道提出的传播口号是"广州酒家广式月饼，广式月饼广州酒家"。这句话并非简单重复，而是通过一种叫"回环"的修辞手法，以一种不容置疑的语气和强硬姿态来实现广州酒家对"广式月饼"的占位。

这个占位不是说占就占的，必须要有企业的品牌基因做强固的支撑。率先提出，一词占领。

我们对广州酒家的品牌基因进行了聚焦，发现他们注重创新，关注食材，具备"名称"基因，有天生的广府文化属性，拥有AAA级信用认证等。

具体来说，广州酒家的月饼除了具备酒楼基因和"创新、诚信"品牌性格，还自带"情和味"的品牌暗示：老广州经典印象、广州塔、五羊石像、广州博物馆、木棉花、满洲窗装饰、吃在广州……如此种种，都是已然深入消费者内心的广府文化元素。

同时，作为知名的粤菜酒楼，广州酒家具有老字号的扎实根基，还先后荣获"名牌月饼""国饼十佳""特级酒家""金牌粤菜"等诸多荣誉，这些都反映出消费者多年以来的信任和支持，广州酒家甚至深度参与了他们的日常消费习惯和生活方式的构建。

在抓取经典"广式基因"的同时，快车道还细致规划了广州酒家的广式月饼产品升级工程：创新产品，以满足消费者日益变化的需求，吸引年轻时尚的消费群体；与相关艺术院校和岭南艺术大师开展长期合作，持续举办岭南中秋文化国际创意设计大赛，强化广州酒家的广式文化属性。

回看广州酒家的发展历程：

2014—2018 年期间，深度占位广式月饼，深挖广州酒家的品牌禀赋，绑定最适合的代言人。

2019 年至今，广州酒家升级占位"正宗广式月饼"，继续夯实品牌资产。

广州酒家集团在 A 股成功上市之后，更加明确了"餐饮立品牌 + 食品创规模"的双引擎驱动业务战略，打造餐饮和食品双龙头引领的大食品集团。从 2013 年至今，经过不到十年的时间，广州酒家的食品板块（包括月饼、速冻产品等广式食品）如今年总销售额已接近 40 亿元。

随着业务版图的不断拓展，如何理顺集团与旗下各子品牌之间的从属关系和赋能关系，成为广州酒家集团未来发展战略中的重要一步。

> ## 可落地、易执行
> ## 低成本、特商业
> ——快车道"买点"方法论金句

　　快车道公司不仅对广州酒家集团旗下各子品牌进行了梳理，还为广州酒家的各系列产品包装制定了管理规范。这项工作在不降低企业供货商合理利润的前提下，不但做到了年采购成本降低5%以上、年产能增长10%以上（年综合直接收益超500万元），而且帮助广州酒家更好地承担起了节能环保的社会责任。

　　需要再次强调的是，企业战略不是凭空制定出来的。制定企业战略不仅要基于消费者的买点、企业本身的基因，还要基于市场整体大环境。

　　战略制定之后更重要的是落地和执行，不能只给方案而不落地。这是快车道长期以来一直所擅长和所提倡的——"可落地、易执行、低成本、特商业"。

# 二、区域烘焙企业如何做到 又"洋"又"土"又有个性

烘焙行业和其他传统食品行业不大一样的是,其本身就是一个"西式"行业,所以区域烘焙品牌兼有舶来品的"洋"和区域出身的"土",同时也不能不兼顾其品牌个性。

由于烘焙食品终究还是舶来品,大家自然喜欢"洋气"的名字,不论品牌方身处几线城市,都希望具备时尚感和国际范,因而会起一个听起来有点洋气的品牌名称。

与此同时,既然扎根于某个区域性城市,就应当深挖区域文化,树立具体的区域特色,以迎合当地消费者的"从小吃到大"的品牌记忆。

金贝儿食品是一家源于四川的区域性烘焙连锁品牌,在区域内具有广泛且深入的消费者认知和产品优势。快车道公司至今已与金贝儿合作了将近 20 年,其间经历了两次品牌升级,涵盖企业战略布局、品牌规划及其落地执行等。

快车道从节庆产品、烘焙产品等几个维度为品牌方做了战略布局,精准把握金贝儿的品牌基因,提出了"好物"产品战略。

我们为金贝儿提出的很多产品概念的雏形是从节令文化和区域文化延展出来的,比如中秋、端午、年礼等。其中,金贝

> 品牌是摇钱树。
> 羡慕别人天天摇钱，
> 你种树了吗?
>
> ——快车道"买点"方法论金句

儿的节令产品，我们将其定位为"巴蜀好物"。

巴蜀地区的"好物"，离不了核桃、花椒等极具区域特色的好物产，这些物产能够满足消费者"我想吃点巴蜀特色美食"的需求。

巴蜀好物之月饼，用创新对撞传统，开创了"巴蜀特色＋流行时尚"的产品创新篇章：巴蜀核桃与时尚的流心馅工艺结合，催生了巴蜀流心核桃月饼；巴蜀的核桃与时尚的芝士馅结合，催生了巴蜀芝士核桃月饼，如此种种。

巴蜀好物之粽子，占位了"巴蜀粽麻辣味"，是具有浓郁区域特色的宝藏产品；巴蜀鲜麻香肠粽，鲜麻香辣，好巴适（方言，意指很好、舒服，也指正宗、地道）。

金贝儿巴蜀粽产品包装及周边产品——文化衫

金贝儿完美女王饼宣传海报

烘焙产品的基因是"洋"，落地巴蜀后，经过改良，我们将金贝儿的烘焙产品定位为"好物在巴蜀"。

比如，为了让"老婆饼"这款大众耳熟能详的烘焙产品能成功切入巴蜀市场，我们结合当地文化，将其重新定位为"完美女王饼"。因为当地人都知道，四川广元正是"女王"武则天的故乡。冠以巴蜀女王形象的"完美女王饼"，在三八节期间甫一上市，立即圈粉无数，迅速成为销售冠军。

从品牌方的使命和愿景——"好一点再好一点"维度展开思考，我们后来对金贝儿的产品进行了第二次升级：让品质好一点再好一点、让颜值好一点再好一点、让体验好一点再好一

> 文化不应该是遗产，应该是财产。
> 免费的，不用就傻了。
>
> ——快车道"买点"方法论金句

生打啵啵椰、一见青心饮料宣传海报

点、让生活好一点再好一点……

　　四大主题的预包装产品是金贝儿 2021 年重点布局的战略产品，不仅有紧跟潮流的"内心藏有小秘方"的"嘿巧巧黑森林蛋糕""一口吃出四种惊喜"的"莓芝芝甜心蛋糕"，还有连接情感和美好记忆的"一见青心，初恋的味道""生打啵啵椰，忍不住要啵啵 TA"的春夏及冬季饮料等。

　　以上是产品文化化思路的产品创新，另外还有品牌文化化思路的品牌创新。这个创新就是"金贝儿点心供销社"。我们特意为其选址广元供销社原址，嫁接消费者对计划经济时代"供销社"的质量信任感，打造新中式烘焙点心的文化符号。我们还为"金贝儿点心供销社"提出了"用心供销，食必求真"这个传播口号，借势消费者既有的"计划经济"认知，从品牌文化化的层面寻求产品文化化的落地。

# 三、做好转换"让优势更具优势"

贵阳惠诚滋知成立于 1996 年，目前已经发展成为一家集生产、销售、研发、连锁经营于一体的现代化烘焙食品企业。公司现有标准化的中央工厂、物流配送中心，旗下拥有多个子品牌和两百多家直营店，营销网络覆盖贵州省的各中小城市，是贵州省规模最大的烘焙企业。

需要强调的是，烘焙连锁品牌的发展都会经历不同的阶段。以饼店为例，1—50 间门店标志着初始发展阶段，50—100 间门店标志着壮大发展阶段，200 间以上门店则标志着规模化发展的阶段。

惠诚滋知迈入了第三个发展阶段之后，其企业战略、产品布局、组织架构等都需要有相应的演进。在这个阶段，快车道以品牌咨询公司的身份介入其中，对品牌方的帮助是切实有效的，真正做到了"让企业发展直接进入快车道"。其间，快车道深入挖掘和提炼惠诚基因，为惠诚滋知提出了转"惠"为"滋"的"好吃战略"。

贵阳人民素来嗜好酸辣口味的中式粉等传统早餐。假如惠诚滋知能够把面包变成当地人除了粉以外的另一个早餐首选，这将无异于提出了另一种生活方式。但生活原本就是多元的，在时代的变迁和演进中，不管本地风俗和外来文化如何碰撞，人们对美好生活的向往和追求总是不变的。优秀的品牌方不应仅仅止步于适应和满足消费需求，还应主动地去挖掘甚至激发更深层次的潜在的消费需求。

快车道深入调研之后发现，惠诚滋知企业主对烘焙研究非常深入，是一个烘焙产品研发狂人，不仅可以无障碍跟进日韩、欧美的烘焙潮流，甚至能够同步全球领先技术。惠诚滋知也因此能够不断推出新品，不断给消费者带来新鲜感，并且总是可以做到又好吃又实惠。

企业主的基因决定了企业的基因。惠诚滋知的产品研发能力很强，推陈出新的速度很快，甚至快到超出了消费者的认知和接受速度。新品源源不断成为一种常态之后，造成了两种"负面"影响：一是消费者"记不住"，二是容易让消费者"挑花眼"。

上新原本是一件好事，但上新速度太快也有其弊端：（1）提升了消费者选择的成本；（2）影响产品的沉淀，可能会挥霍掉好产品成长为明星产品的机会；（3）过多产品同时排产会影响综合生产效能，无法形成规模效应；（4）提升了促销培训成本和物料更替成本。

**不要为了上新而上新，**
**要知道上新的成功率只有5%啊！**

——快车道"买点"方法论金句

惠诚节令酒香系列广告

　　不要为了上新而上新，要知道上新的成功率只有 5% 啊！上新应该是有节奏的。消费者"记不住"和"挑花眼"是表象，背后则是消费者多年以来对惠诚滋知的信任，消费者之所以愿意持续买单，是因为他们对惠诚滋知有稳固的"好吃"记忆。

　　惠诚滋知"好吃"，这个点必须进一步凸显出来，加以放大宣传，惠诚的产品策略当然也应当坚持以"好吃"为核心。

　　从转"惠"为"滋"的"好吃战略"出发，惠诚滋知需要做的是打造明星产品、明星产品群，使"让好吃更好吃"的明星产品被更多消费者看见和购买。节庆"酒香"系列产品的"酒香肉粽""酒香月饼"和"酒香汤圆"上市之后，赢得了消费者的一致青睐和好评。全国各地的同行迅速竞相效仿，陆续推出各种"酒香"系列产品，惠诚滋知在业内掀起了一股"酒香"风潮。

　　在惠诚滋知的长线产品系列之中，"皮比馅更好吃"的老婆饼和"现场灌，新鲜吃"的泡芙也是个顶个 [1] 的"明星"，

---

① 顶个，方言，本义指能抵一个全劳力，此处表示老婆饼、泡芙实打实地受欢迎。

> **可以溢价的是品牌，
> 没有溢价能力的叫商标。**
>
> ——快车道"买点"方法论金句

我将在本书第四章《买点之下的明星产品》详细展开叙述。

2019 年，快车道为惠诚滋知制定了"让好吃更好吃"的战略，并迅速升级为"聚全世界的好，让好吃更好吃"。品牌主诉求更是从实惠的"惠"转换为滋味的"滋"，实现了从"诚信实惠的价格需求"向"常新尝新的口味需求"的消费升级转换。

惠诚滋知致力于同步全世界最好吃的食物，让"聚全世界的好，让好吃更好吃"的理念被消费者了解和认同，同时向消费者传达了"随便买哪个，都是好吃的"的信息，有效解决了消费者面对众多美味"记不住""挑花眼"的奢侈痛处。

品牌方的优势和劣势是相对的，只有做好了转换，才能"让优势更具优势"。

# 四、文化难以创造但可以被"占位"

先人一步洞察消费者需求就引领趋势，先人一步提出文化属性就开创正宗，先人一步制定行业标准就建立权威，总之一句话，就是"先占位先拥有"。这样一来，如果有后来者觊觎同一块蛋糕，他们必须投入巨量的资源，才有可能撼动先占者地位，否则就只好另辟蹊径。

这是一个并不深奥的道理，但同时也往往很容易被忽视。

以快车道买点方法论的视角观察，处于不同发展阶段的品牌方，所能满足的消费者需求自然也不同。消费者到底是为什么而买？产品功能、消费场景、流行趋势，还是某种更加抽象和高级的精神文化需求？

在服务广西桂林顺昌食品的过程中，快车道品牌咨询帮助品牌方渐次完成了从代工生产到品牌系统升级，再从品牌塑造到文化占位的工作，"占位"的重要性一再得到印证，品牌方也一再尝到文化占位的甜头。

顺昌是广西桂林的一家企业，旗下有金顺昌等品牌，最开始只专做旅游食品的代加工。1987年成立之后，到2004年渐次完成了建立工厂、升级工厂和落成新工业园等发展规划，并进入1.0代工生产阶段。此后经过长达十年的积累和沉淀，金顺昌应当如何寻求进一步突破？未来发展之路在何方？

有鉴于旅游市场鱼龙混杂，全国人大常委会在 2013 年 4 月首次发布《中华人民共和国旅游法》。在这个背景下，快车道公司承担起"金顺昌如何借《旅游法》的东风启动转型"的课题。

事情是这样的：

2013 年的一天，金顺昌的总经理陈应福突然到深圳来找我，说："我不能再做代工生产企业了，我要转型。但转型应该转到哪里去，我不太清楚。我们已经合作十几年了，我知道你们一定能帮我指出一条路来，这条路将是我们金顺昌未来 10 年、20 年、50 年的发展方向。"

我说："你给我一年的时间，我看看怎样才能帮到你。你得先给我打 50% 的款项。如果到付款之后第十个月，我还没想好怎么做，我把钱一分不少地全部退还给你。"基于已经合作了十多年的相互信任感，我们签下了一份合作内容和方式并不很明确的合同。

签订合同之后的八个月当中，快车道就金顺昌的课题展开了全面的市场调查，搜集了大量资料，并不断探讨、深入思考金顺昌"到底是谁""如何转型""如何开发产品""如何开展市场营销""针对什么样的目标人群""设计什么样的包装"等。

人家把整个企业的未来都托付在我们身上了，我们所承担的责任和压力都非常之大。

在那八个月当中，我甚至有点后悔接了这个单。首先当然是要开展大量的市场调研，搜集大量的资料等，更重要的是必须时时注意捕捉、评判脑子里蹦出的任何有可能性的想法。这个适不适合金顺昌、那个适不适合金顺昌？金顺昌战略如何定？怎么转型？市场在哪里？营销怎么做？一切的一切，脑子里每天都在想，不停地想。

直到后来的某一天，当时我在办公室楼下抽烟，忽然旁边开过去一辆挂"桂A"牌的车：深圳的街头，"桂A"车牌，好神奇的元素，我突然知道该怎么做了。

2014年，快车道顺应消费升级趋势，抓住旅游新政策出台机遇，为金顺昌确立了从代工生产转型为城市伴手礼品牌，进而实现文化占领的转型战略。最终，桂林顺昌顺利实现从代工生产企业到伴手礼连锁品牌（"桂林桂花伴手礼"）的升级转型，一跃成为桂林当地旅游消费品的龙头企业，并成为中国旅游市场主要的手信品牌和标杆企业。

桂林是一座以旅游业作为主导产业的城市。据不完全统计，每年去桂林旅游的人次达到了千万数量级。如此庞大的旅游群体除了游山玩水，还能带走什么？快车道洞察到，旅游者有购买本地特色伴手礼的需求，而桂林作为一座旅游名城，应当有一种能代表本地特色的伴手礼。

广西以"桂"为简称，桂林即"桂树成林"，"桂林山水甲天下"。快车道项目组跟进梳理之后发现，既能代表广西和桂林，又与桂花相关且有相当体量的产品是桂花糕。由此，金顺昌的企业战略——"桂林山水甲天下，桂林桂花伴手礼""桂林桂花伴手礼，桂林桂花金顺昌"正式浮出水面。在产品策略层面，金顺昌则以"桂花糕"为原点并据此延展产品线，此后

金顺昌桂花糖产品

陆续推出桂花蜜、桂花糖、桂花酥、桂花酒等40多个SKU（即库存进出计量的基本单元，可以是以件、盒、托盘等为单位）的产品。

战略制定之后，还需要落地执行，开店是一个必不可少的步骤。

快车道认为：

> 开店就要开成地标。基于快车道品牌咨询的消费场景思维，我们必须把整个步行街当成一个购买场景，金顺昌的这三家门店就是所在步行街的"产品"。首先要让消费者看到你的门店，看到之后才有可能进来，进来之后，只要我们足够好地解决了"买什么"的问题，购买行为就会自然而然地发生。

> 同一个街区必须有三家店，进入第一家店不买，进入第二家店不买，进入第三家店一定会买。我们特意找了国内顶级的灯箱供货商来为金顺昌制作门头和灯箱，灯光、

"术前"

"术后"

金顺昌门面"术前"与"术后"对比图

色彩和明亮程度都明显超过旁边与附近的其他门店,竭尽全力把金顺昌伴手礼门店打造成整条街"最'亮'的仔",以吸引更多的消费者。

　　旅游消费者最担心买到质劣价高、短斤少两、食品安全无保障、监管不到位、投诉无门的商品。金顺昌的目标消费人群,大多是白天游山玩水,晚上才逛街购物的。考虑至此,为消费者提供一个明亮的购物环境,自然会让购买者内心感到商家很"敞亮"。

另外，我们还在门店入口最显眼的地方陈列上企业的各种荣誉、锦旗、证书、奖状、奖杯、名人探店等资料的照片，同时公布工厂规模、安全标准等信息，让消费者一眼就能看到。他们最关心的安全和信任问题就这样被解决了。

曾经在店里遇到一个穿拖鞋着背心的客人，一打招呼，得知是来桂林开会的，住在附近的一家宾馆。这位客人此前有一回下楼抽烟透气，看到这边店里挺亮堂，就进来了。一来二去，时不时就过来看看，给同事带点，给朋友带点，给父母长辈带点儿，有时还叫上同事一起过来买。

大概算一下，他在这家店买的伴手礼也有几千元了。


2016 年"五一"三天假期，金顺昌伴手礼销售额超百万元，从此开始走向正循环。一年内陆续开出了 50 多家专卖门店，成为当地的伴手礼主要品牌。从代工生产到旅游伴手礼连锁品牌，金顺昌最终转型成功。

截至 2017 年，金顺昌的年利润额从合作前的百万元级跃升至合作后的千万元级，强势增长十倍以上。

2020 年，快车道公司与金顺昌再次携手，顺应市场大趋势，打造了中国较早的一家沉浸式桂花文化博览园——"金顺昌桂花公社"，占领"桂花文化"制高点，继续引领市场风向。

"桂花公社"代表了金顺昌战略的 3.0 阶段。在这个阶段的战略升级过程中，我们大量翻阅各种史料，发现《山海经·南山经》中有一句"招摇之山，临于西海之上，多桂"的话语。"招摇之山"就在桂林，"桂林，桂树成林"。桂林是桂花的发源

桂花公社相关包装及 logo

地，也是中国金桂、银桂、丹桂和四季桂四大桂花基地之一。

在"桂花公社"这个大概念中，主文化是桂花文化、书香文化，亚文化是状元文化、爱情文化、养生文化、长寿文化和吉祥文化。

以"桂"为文化符号，从古到今、从东方至西方、从经典到新潮、从产品到文化多维度演绎；以"花"为媒介，借着桂花的名义，品评锦绣文章，回味状元荣光，探究爱情真谛，研讨养生之道，品味花香之妙；以"公"广纳天下，融汇古今、勾连中西，桂花是中国的，也是世界的；"社"即社区，不仅有馆内现场演绎，也寻求日常生活当中的精神共鸣，弘扬人们对桂花的一切美好遐想。

桂花公社是一个品质生活的平台，集聚了文化、艺术、创意等多个领域的大家。在这里，思想和观点激烈碰撞，灵感和创意火花四溅。

在桂花公社园区，文化占位"桂花公社"，打造中国首家

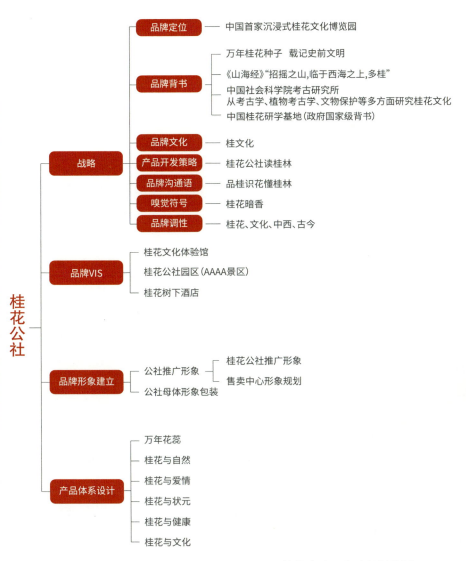

桂花公社

**战略**
- 品牌定位 —— 中国首家沉浸式桂花文化博览园
- 品牌背书
  - 万年桂花种子 载记史前文明
  - 《山海经》"招摇之山,临于西海之上,多桂"
  - 中国社会科学院考古研究所 从考古学、植物考古学、文物保护等多方面研究桂花文化
  - 中国桂花研学基地(政府国家级背书)
- 品牌文化 —— 桂文化
- 产品开发策略 —— 桂花公社读桂林
- 品牌沟通语 —— 品桂识花懂桂林
- 嗅觉符号 —— 桂花暗香
- 品牌调性 —— 桂花、文化、中西、古今

**品牌VIS**
- 桂花文化体验馆
- 桂花公社园区(AAAA景区)
- 桂花树下酒店

**品牌形象建立**
- 公社推广形象
  - 桂花公社推广形象
  - 售卖中心形象规划
- 公社母体形象包装

**产品体系设计**
- 万年花蕊
- 桂花与自然
- 桂花与爱情
- 桂花与状元
- 桂花与健康
- 桂花与文化

桂花公社品牌升级树状图

眼界一定要高，眼界都高不上去，手就更低了。

——快车道"买点"方法论金句

沉浸式桂花文化博览园。在园区的七大主题——"桂脉""桂香""桂味""桂冠""桂韵""桂心""桂礼"之下，从桂之源起、桂之品种、桂之美味、桂之书礼、桂之美酒等角度，开发出桂花糕、桂花茶、桂花蜜等多种桂花系列。其中，桂花糕被评为"广西名牌产品"。

桂林盛产桂花，自然少不了桂花酿酒。毛泽东《蝶恋花·答李淑一》中有一名句"问讯吴刚何所有，吴刚捧出桂花酒"。桂林人谈恋爱要折桂花枝定情，用桂花枝求婚，婚礼上要请宾客一起分享一坛陈年桂花酒。

除了桂花酒，金顺昌还开发了桂花精油、桂花香薰、桂花洗手液、桂花皂等日化用品，在园区内的"桂花树下酒店"进行延展应用和销售。

这已经大大突破了金顺昌原先的食品业务范围和理念，推动了消费者对桂花文化的认同。"品桂识花懂桂林"，游览桂花公社，桂林的桂花文化也得到了广泛的推广。

桂花公社如今已成为桂林当地一个覆盖了文化、旅游、酒店、餐饮、文创等内容的人文旅游新地标。

# 五、开创食品行业
# "中点西做"的先河

　　中之杰食品是一家成立于 2002 年的长春企业，业务涉及面食产品开发、生产和销售。从 2012 年开始，从产品深耕细作到优势渠道宣传，再到品牌系统打造，快车道品牌咨询与中之杰食品合作至今已有十年之久。在这十年当中，中之杰食品步步为营，逐步发展成东北三省食品行业的头部品牌。

　　在与快车道公司合作之前，中之杰食品旗下有十多家的销售终端（包括商超柜台和独立店铺）。随着市场环境变化和消费升级大潮的到来，年轻群体逐渐成为消费主力军，中之杰食品的品牌形象和产品已无法很好地满足消费者需求。与此同时，后进品牌的快速跟进和模仿也成为一种常态，中之杰食品感受到了巨大的压力和挑战。

　　中之杰食品亟须解决的第一个问题是：中之杰是谁？

　　我回想起：

　　　　2012 年，中之杰食品的董事长王福胜找到快车道。我很坦诚地说："我们正在给你们的当地同行提供服务，你介不介意？"他说："不介意，我信任你们。我不认为你们会把两个客户做成一个样子，也相信你们不会泄露企业机密，不然你们公司也不会发展到今天这个样子。"

双方签订合同的时候，王总说："张总啊，我把我一整年的纯利润都给你了。"我以为他是在跟我开玩笑，等去到长春做项目调研时，我才发现这不是一句玩笑话。中之杰食品当时只有13家大小不一的门店，其中有的还只是在商超里租了一个柜台，他们的员工就在现场和面、包包子、烙饼、压面条……可想而知，我们收的服务费可能真的是他们一整年的利润。

快车道公司有一个作业原则，就是"在跟客户签合同之前，我们只管自己赚不赚钱，签完合同之后，我们所有的事情都是为了想尽一切办法帮助客户赚钱"。正因为我们公司二十多年来始终严格执行这个原则，所以这么多年一直没有业务员，所有业务都来自良好的口碑和客户转介绍。每一个客户的项目方案都是我们殚精竭虑为客户着想的结晶，同时也成为我们最生动直观的广告。

我自己虽然长期生活在南方，却是一个地道的北方人，我对北方文化是充分理解和尊重的。早些年，北方客户的形象通常是在腋下夹个大包，穿一身满是大 logo 的衣服，从头到脚都是名牌。在我看来，其实这展现的是他们对另一种文化和生活方式的向往。单就吃来说，南方讲"食不厌精"，而北方的吃食相对来说就不如南方吃食精致，所以中之杰食品消费者的买点就是对南方文化、精致生活方式的追求。

总的问题最后还是回到以下几方面：一家企业的战略、品牌定位、产品应该朝哪个方向走？企业的气质和品牌文化应当如何塑造?

所有企业的基因其实都可以追溯至企业主的基因。在做中之杰案子的时候，我们同事经常开玩笑说，中之杰的企业基因就是一个"穿着杰尼亚西装的帅哥"。我们要做的就是把企业主的这种气质渗透到企业的各方各面去。

2012年，我们为中之杰食品确立了"港致美厨"的品牌气质及战略方向，并基于打破以往"从产品到产品"的开发思路，重新确立了从"思想到产品"的开发策略，开创性地提出"中点西做，北面南做"。把一个表层的"要么中点要么西点"的问题往更深处掘进，直接满足消费者"吃不一样的好点心"的本质需求。

其实新的产品开发策略就是从消费者的买点出发的。我们从南方的面点制作技术里吸取养分，聘请世界级烘焙大师欧阳兆熊担任首席产品官，并且每年都把企业的精英技术人员送去香港深造学习。

2013年，中之杰食品将品牌升级定位为"港致美厨"，后来相应地确立了"节庆产品"和"中点明星产品"两大战略产品群。在经济相对不那么发达的东北，中之杰食品只用了十年不到的时间就发展成为当地食品行业的头部企业。

当时在东北市场最常见的就是甜粽，难道东北区域的消费者就只爱吃甜粽吗？我们经过调研发现，第一，消费者还是非常希望能吃点"不一样的"粽子；第二，数据显示，某大品牌的肉粽在东北的销量是非常高的。为什么不能做出东北品牌自己的肉粽呢？于是，我们为中之杰制定了粽子产品的差异化战略。

# XO酱山黑猪肉粽
## ——港式靓肉粽——

港式靓肉粽宣传语

肉粽，具有"港致"基因的肉粽，从口感层面的买点出发，就能够为消费者提供了甜粽之外的另一种选择，同时也能满足人们对精致食品和精致生活的追求。在"港致美厨"品牌定位的指导之下，"港式靓肉粽"产品诞生了。

在激烈的市场竞争环境下，消费者的需求必然会因时因地（即场景）而变，品牌方的产品自然不能一成不变。

基于消费者对于"港式靓肉粽"的良好反馈，并展开积极的市场预测之后，快车道又为中之杰食品做了进一步的战略规划升级。从"肉粽""港式靓肉粽"到"山黑猪肉粽"，再到"XO酱山黑猪肉粽"，全力以赴地确保中之杰的产品开发理念和实际销量始终处于市场领先位置。通过上至品牌气质和战略方向、下至产品开发策略的全方位升级改造，中之杰食品公司的肉粽产品在东北已实现了亿元级销售额。

南方汤圆，北方元宵。汤圆和元宵可谓一对经常让消费者感到傻傻分不清的孪生兄弟。但是，由于中之杰食品"北面南做，中点西做"的产品开发策略和"港致"气质，扎根东北的中之杰食品成功让自己成为元宵食品消费领域不可或缺的一个重要角色。

中之杰抹茶红豆汤圆宣传海报

汤圆产品占位"炫彩"，从"炫彩汤圆"到"炫彩榴莲味汤圆"，再到"炫彩抹茶红豆汤圆"。2020年专利产品"不用胶的好汤圆"诞生，满足了消费者对好吃、健康、安全的需求，成功占位"好"汤圆。

在中国北方，元宵不仅可以煮着吃，还可以炸着吃。但炸元宵是一个名副其实的技术活儿。元宵在油锅中容易因为内外受热不均，导致外皮被炸得焦硬焦硬的，而里面还是夹生的，从而导致整个元宵膨胀爆裂。因此，经验丰富的人在将元宵下锅之前，会提前用针给元宵戳几个小洞。

我们洞察到消费者对元宵炸着吃的"又爱又怕"的情绪：不戳洞直接将元宵下油锅可能面临"毁容"的风险，一一戳洞又麻烦。于是，直击消费者核心买点，一款既安全又便捷的"炸不爆的好元宵"应运而生。

至此，我们不仅解决了"中之杰是谁"的问题，而且还完成了以下工作：

（1）新的战略定位之下的品牌形象和品牌气质的塑造；

（2）端午、中秋、元宵三大节庆产品的打造和市场销售突破；

（3）常销产品的明星产品开发策略及方向的确立。

关于常销产品的明星产品（诸如粘豆包、大肉包、煎饼等）

中之杰炸元宵产品宣传语

的开发策略及方向，我们将在后面的篇章中再展开分享。

透过现象看本质：

中国人在网络上展开的关于粽子的"甜咸之争"由来已久。而根据快车道买点方法论，我们洞察到，消费者争的其实不是咸的正宗还是甜的正宗，而是到底怎样的粽子才"好吃"。网上说，南方人喜欢吃咸粽，而北方人只喜欢吃甜粽，其实"南咸北甜"不是绝对的。比如，潮州粽子就既有甜的也有咸的。

此种争论背后的真相无非是商家推动，消费者跟风，其实消费者真正关心的只是好吃与否而已。好吃是基本因素，在好吃的前提下，粽子的另一个消费场景是"传情达意"，比如用来做员工节日福利、维护客情、赠送亲朋好友等。

和粽子的"甜咸之争"类似，"五仁月饼滚出月饼界"的话题也经常引爆网络。很多人认为这是厂家有意炒作，目的是通过自黑的方式来吸引眼球。不管是不是炒作，一个事实是：五仁月饼的销量年年递增。

# 六、内蒙古烘焙品牌的新工厂、新产品、新机会

"品牌基因＋区域文化"可以作为食品企业开发新产品的固定公式。品牌基因，即企业独一无二的禀赋和气质；区域文化，则是企业的产地基因。品牌基因和区域文化两相结合，可以很好地反哺企业，不断为产品研发提供新思路。

在食品市场上，没有永远不变的产品，只有永远在变的消费"买点"。如何才能基于消费者的视角开发出具有独特竞争优势的明星产品？区域品牌如何才能挖掘出"只此一家，别无分店"的区域宝藏，据此开发明星产品甚至据此找准未来持续发展的道路？

下面，我要和大家分享快车道品牌咨询与喜利来食品之间的合作故事。

> 没有永远不变的产品，
> 只有永远在变的消费"买点"。
>
> ——快车道"买点"方法论金句

喜利来食品是内蒙古赤峰市的一家烘焙企业。众所周知，如今一二线城市的烘焙行业早就处于白热化竞争状态，正处于市场下沉阶段，立足于四五线城市的喜利来食品自然也感受到了前所未有的压力。基于对快车道品牌咨询的长期关注和了解，喜利来食品决定和我们建立战略合作关系。

当时的喜利来食品公司面临如下问题：没有明星产品、没有精准的消费人群、没有独特的竞争力等。

我想起：

2020年3月，快车道团队冒着疫情乍起的风险，搭上了飞往内蒙古赤峰的班机。

我们原以为内蒙古自治区应该到处都是草原，到了之后才知道，距离赤峰370多公里之外，才有真真正正的大草原。

当地人民非常热情，热情到什么程度呢？有一个身高一米八多、但体重可能也就八九十斤的扶贫干部，左手一大桶、右手一大桶地提着两桶马奶酒，走过来敬我们："请你们一定想办法把我们这些牧民的产品卖出去啊！"

最开始我们对奶豆腐、奶皮子、奶疙瘩等到底是啥也分不大清楚，不太有感觉。直到临走的时候，一个牧民老妈妈拿出三块有外卖饭盒那么大的像豆腐一样的东西，一定要给我们带上。旁边的扶贫干部说："各位收下吧！这是用刚刚生了小牛的母牛产出的奶做的奶豆腐。"

哦？我们几个快车道的同事互相对了一下眼神，会心一笑：我们心里有数了！

用最原始的工艺方法做成的这些奶豆腐、奶皮子等奶制品，固然非常有内蒙古特色，但很难制成可以大量上市的标准化产品。如果我们把"牛初乳"和现代烘焙产品结合起来，那岂不是就既能解决当地牧民的奶产品销售问题，又可以帮助当地烘焙企业解决产品创新和差异性等问题吗？一举多得啊！

从"奶豆腐"这种内蒙古牧民传统产品展开思考和洞察，快车道团队首先为喜利来食品公司确立了以"牛初乳"为核心的系列产品研发策略，将健康的概念充分融入烘焙产品。与此同时，我们还建议就"奶豆腐"产品及其制作工艺申请非物质文化遗产，将其打造成内蒙古的一张文化名片。这一套组合性策略，不但为企业带来了效益，为牧民带来了收益，更引起了当地政府的高度重视，被当做当地助农扶贫的典范项目。

在内蒙古人民的日常生活中，"可一日无肉，不可一日无奶"。牛奶制品如奶豆腐、酥油和酸奶就是牧民的日常食物，其中的奶豆腐又称"蒙式奶酪"，是具有高营养价值的牛奶精华，是草原地区的特色产品。

对于背靠大草原又有着烘焙基因的喜利来食品而言，奶豆腐具备强烈的区域特色。蒙式奶酪，又与烘焙基因相契合。不过，由于以前奶豆腐大多只是通过手工作坊生产制作，从来没有成规模的食品企业去切入这个品类。快车道公司洞察到，整合、利用内蒙古的特有资源来开发新产品是一个非常有潜力的行业机会，更是摆在喜利来食品眼前的一个巨大商机。喜利来食品应抓住这波潜在的市场需求，抢先占位草原奶豆腐，快速积累品牌资产。

　　在打造品牌和开发产品的过程中，快车道并不主张唯"新"论，而是坚持从企业自身独有的资源当中去挖掘品牌基因和文化属性。

　　产地优势是独一无二的。赤峰是内蒙古自治区人口最多的城市，当地人对奶豆腐有很强的认知。地处赤峰市克什克腾旗西南的乌兰布统是距离首都北京最近、风景最美的草原之一。在这处尚未开发的原生态草原上，牧民一直以手作的方式生产传统奶豆腐，其味道之地道和工艺之地道一脉相承，因此成为全世界知名的奶豆腐核心产区。基于显而易见的差异化产品优势和巨大的潜在消费市场，快车道品牌咨询决定为喜利来食品制定"占位奶豆腐"的品类战略，并为整个内蒙古自治区打造又一张文化名片。

　　在产品研发层面，我们还需要为喜利来确立独特的产品优势。赤峰人对奶豆腐品类越熟悉，意味着产品竞争压力越大，喜利来越有必要强调自身的独特优势。因此，我们需要解决的第一个问题是：在当地消费者对奶豆腐已经具备广泛认知的情况下，喜利来应该如何依据自身基因打造独有差异性特色，确立其在行业内的领导者地位？

　　快车道品牌咨询决心从以下四个方面入手。

　　（1）成为行业标准的制定者。喜利来食品牵头筹建"奶豆腐行业协会"，成为创始会长单位，推动奶豆腐行业标准制定，引领行业发展，塑造奶豆腐行业第一品牌。

　　（2）签约奶豆腐申遗人，为品牌提供强力文化支撑。牧民一生都离不开奶豆腐，手艺一代传一代，唯有牧民手做的奶

喜利来奶豆腐系列产品宣传海报

豆腐才是真正有温度的。喜利来食品帮助牧民申请非物质文化遗产，并聘请奶豆腐申遗人出任公司的首席产品官，为品牌提供强力文化支撑。

（3）顺应消费者认知，研发牛初乳奶豆腐产品。众所周知，母牛生产后 72 小时内的牛乳才是真正的牛初乳，是大自然赋予生命的第一份食物。并且，8 公斤牛初乳才能产出 0.5 公斤牛初乳奶豆腐，因此奶豆腐不仅稀有，营养价值也更加丰富。顺应这样的消费者认知，喜利来食品首创"牛初乳奶豆腐"系列烘焙产品，不但确立了产品差异，而且突出了产品价值，拉高了品牌势能。

（4）突出草原深处认知，占据产地优势。顺应消费者对天然草原的区域认知，克什克腾旗草原是世界知名的奶豆腐核心产区，远离都市喧嚣：距离最近的城市在 300 公里之外，用含有 20 多味中草药的牧草喂养的奶牛所产的牛奶更营养、更健康。

# 七、明晰战略方向，让企业的发展更上层楼

上海海融食品科技股份有限公司创立于 2003 年，是一家集烘焙和餐饮原料研发、生产、销售于一体的专业公司。海融食品主要面向 B 端客户（一般指企业用户商家），提供包括奶油、果酱、巧克力、卡仕达酱、蛋挞液、软冰淇淋浆料、食用油脂制品、冷冻西点等优质食品原料、配料以及产品解决方案。2020 年底，海融食品科技上市，成为"中国奶油第一股"（股票代码 300915）。

2021 年，正值海融食品科技上市一周年，海融与快车道品牌咨询达成合作，以确定未来 10 到 20 年的战略方向，提升品牌影响力和美誉度，增强消费者黏性，扩大市场占有率，让企业发展百尺竿头，更上一层楼。

## 1. 重新梳理海融的品牌基因，制定战略方向

在过去的 20 年当中，海融食品科技所遵奉的是"跟随和超越"的发展战略，并因成功登陆 A 股市场，确立了其"中国奶油一哥"的地位。

但今后的 20 年，海融应当如何引领未来？在战略方向的制定过程中，快车道洞察到海融食品科技以往的成功，主要应当归功于其不断融合科技、不断创新产品并持续深耕中国大市场。因此，它的品牌基因可以明确为"科技的、中国的"，战略布局应当以"未来食品"为核心概念展开。

### 2．聚焦未来，占位品类

明确了"海融科技，未来食品"的战略方向之后，首先要洞悉未来的消费趋势，如健康营养、安全放心、好吃好玩等。因此，基于消费者买点和未来的消费趋势，在品类占位的层面，快车道品牌咨询为海融食品科技提出了专一化战略，即"聚焦未来品类，占位植物基奶油"。

海融食品科技于 2021 年荣获"国家科学技术进步奖"，这项强有力的国家级背书足以为海融的未来发展注入强劲的后续动力。海融食品科技就是要做引领未来的食品，就是要做能够持续跟进未来消费者需求的食品。有大量数据显示，植物基产品是未来人群的消费趋势，年轻人都爱吃。单从目标消费人

> 人要学会善败。
> 败而不伤，败而不馁。
> 善战者，不是都胜的。
>
> ——快车道"买点"方法论金句

*海融科技品牌沟通语之一*

群的层面考虑，成为年轻人的首选，也就占领了未来的主力消费人群。

基于以上策略思考，我们提出的品牌沟通语是，"国家科技进步奖，植物基奶油用海融"和"植物基奶油用海融，年轻人都爱吃"。

创新和升级服务模式，兼顾 B 端客户及 C 端消费者，用差异化的产品、服务以及传播方式进行市场沟通，不断提升品牌知名度和美誉度，最终实现让 C 端消费者指名购买，不仅可以降低海融服务 B 端客户的成本，还可以直接巩固海融与 B 端客户的合作关系。

在公益事业和社会责任方面，海融食品科技作为行业领导品牌，以"科技兴企，健康国人"为己任，积极承担培养新市场、引领新消费的责任，倡导科技，关注健康，引领未来。

海融，纳百川成海，融世界以情。"纳百川成海"是企业使命，"融世界以情"是品牌温度。

# 八、战略定位看起来很简单，似乎又不那么简单

先说一个故事：

这是另一位东北长春的客户。

2011 年，长春迪莉娅食品有限公司董事长毕远辉打电话给我："我刚从法国飞回来，咱俩见面聊聊吧。"

当时是 5 月，这个时间开始聊中秋的项目，显得非常仓促。这也是为什么快车道品牌咨询每年 5 月以后不再承接当年中秋节相关案子的原因。很多人以为做策划案没多难，想想点子，找找灵感，把钱一收，完事儿。其实不是的。我们必须把调研做得深入再深入、周全再周全，只有这样出来的方案才经得起市场和时间的考验。

聊到最后，差不多要放弃了。这时候毕总不经意地说到，自己刚从法国回来，欧洲的经济下滑得很厉害，很多人失业，就连法国总统尼古拉·萨科齐的御用西点师在合约到期后，也找不到合适的工作。

法国、总统、御用西点师、迪莉娅、中秋……

迪莉娅法式月饼

几乎是马上打算"做放弃处理"的案子，因为我们的洞察和深挖，让企业进入了全新的发展赛道。企业战略的制定，看起来很简单，回头看，似乎又不那么简单。

提起法国，我们想到的是一种生活方式——法式漫生活，唤起的是人们对美好浪漫的向往。

"迪莉娅"（DELIA）这个品牌名称，源自神话传说，凝聚了法式浪漫。于是，我们开始从消费者买点出发，深挖企业基因，创新产品，最后重新为企业做了定位。为了更好地诠释和演绎迪莉娅食品的全新品牌主张与价值理念，快车道品牌咨询决定聘请法国前总统尼古拉·萨科齐的御用西点师杰罗姆·布鲁南先生出任迪莉娅食品的技术和艺术顾问。

基于"法式"概念，迪莉娅食品研发出法式月饼、法式糕点等系列产品，不仅要把法式、时尚、健康的食品带给消费者，更要把法式浪漫生活的态度传达给消费者。迪莉娅"法式"系列不仅要传递 "面包和蛋糕的幸福"，还要为人们创造美好而幸福的生活感受。

# 九、如何满足"给我们做一个一样的不一样"的要求

快车道品牌咨询做过的成功案例迄今可谓不少了，因此经常有品牌方对我们说："你们这个方案做得很好，给我们也照这个样子做一个。但是，又要不一样的。"于是，我们不时就会遇到"给我们做一个既一样又不一样"的客户要求，和设计行业的"我要一个五彩斑斓的黑"真是有异曲同工之妙。

事实上，我们不能只通过表象来确定一个品牌的气质。品牌气质通常由两个维度的因素决定，一个是品牌的文化属性，另一个是品牌的自身基因。

快车道品牌咨询服务过的客户大多是区域性品牌，因此我们特别擅长根据品牌方所在区域的具体的消费者口味、文化风俗、消费场景和购买渠道等，为品牌方制定一个更有针对性和更适用的产品研发策略，打造明星产品，使之成为企业的拳头产品。例如，我们和很多不同的品牌方合作过大量节令产品项目，这些项目就既属于同一品类，又各具自身特色。

每个企业都因其所在的区域不同，拥有自己独特的文化属性。基于文化属性，凭借区域优势，立足本土资源开发特色产品，满足当地消费者的差异化需求，可以说是快车道品牌咨询

的"文化高地占位"策略思维。

例如，贵州出产的酒就具有很强的区域属性，在贵州开发"酒香"系列节令食品，独占"酒香"特色就合情合理。食品行业的巨无霸不会也没有必要去抄袭，而其他区域品牌即便想抄袭和覆盖，成功的可能性也很小。因此，"以53°飞天茅台入粽"，就可以成为惠诚粽子得天独厚的优势。

与全国连锁的巨无霸品牌在同一个市场中竞争，区域品牌要寻求生存和发展，就必须从市场共性当中找到并确立自己的独特性。

长白山脚下的希悦烘焙"人参熬高汤入粽"，具有"港致美厨"品牌基因和"北面南做"东北基因的中之杰"港式靓肉粽"；在月饼行业首次提出"简装月饼"概念、主张"每一分钱都花在好吃上"的一知万月饼，进军广式"大月饼"品类、强调"陈皮比五仁贵很多"的粮丰园陈皮五仁大月饼……

是的，它们都是粽子，但又是各不一样的粽子；它们都是月饼，但又是不一样的月饼。只有从消费者买点出发，才有可能做出这些"既一样，又不一样的"案子。有些食品企业全国知名，它们的粽子可称为粽子界的"共性产品"，而那些具有区域特色和文化个性的产品，一旦通过互联网渠道推广和销售出去，就既满足了全国各地消费者的不同需求，也突破了过去"区域销售"的局限。

能洞察到这样的结论，其实并不容易。巨无霸品牌通常只需要发挥规模优势，开展价格战，就可以秒杀掉很多区域性同类品牌。但对于巨无霸品牌来说，假如它们的某个产品的销量不能达到一个比较大的数量级，也是无法产生规模化利润的，这恰恰构成了区域品牌的生存发展空间。

不仅如此，区域品牌旗下的产品也有可能晋级成为行销全国的产品。比如北京稻香村的"京八件"糕点，就是将传统的区域性产品做成了全国性产品。"京八件"的原有基因是京式糕点，经过长时间的沉淀和积累，一步步将个性产品做成了共性产品，做成了明星产品。

快车道品牌咨询服务过的品牌方当中有太多这样的例子了。

在前面的战略章节当中，我提到过，在做中之杰项目的过程中，同事经常开玩笑说，中之杰食品的企业主是"穿着杰尼亚西装的帅哥"，而且在项目推进过程中我们刻意地将企业主的基因渗透为企业的基因，并取得了巨大的市场成功。但其实，在抵达长春开展市场调研之初，中之杰食品向我们展现的气质是非常"接地气"的，甚至是很市井的：有些店面只占据了某商超里面的一个柜台，柜台后面的员工穿着某某面粉厂赠送的围裙现场和面、包包子、烙饼、压面条。

如果没有经过深入的调研，准确洞察到企业主的基因，很可能中之杰食品整个品牌的战略方向、品牌调性以及产品研发策略、视觉风格、沟通语等都将是截然不同的另一个样子，甚至可能是完全错误的另一个样子。"实践是检验真理的唯一标准"，中之杰食品这些年以来的良好发展证明，快车道品牌咨询当初为中之杰确立的"港致美厨"品牌气质和"中点西做，北面南做"的产品研发策略是完全正确的。

总之，只有从消费者买点出发，深挖企业的文化属性和品牌基因，深入研究市场，准确定位市场机会，才能"做出一样的不一样"。

## 张口道来

**洞察·观点·创意**

快车道品牌咨询有自己的六字真言：洞察、观点、创意。

这是我们经常放在嘴边的三个词、六个字，这代表了快车道所有的服务内容、工作方法和成果输出。

洞察就是项目的起始动作。所有的项目启动之后，第一件事就是洞察。为什么是"洞察"而不是"观察"呢？快车道认为，在互联网时代，要做到"知道"和"了解"是很简单的，但如果你想彻底理解这件事"背后的背后"，甚至希望对现状的演进做一些预测，那就需要深挖了。

洞察就是一个不断探究的资料搜集和消化的过程，深挖"背后的背后"，然后形成独特的观点，最后用创意的方法表现出来。

"独特的观点"之所以需要用"创意的方法"来表现，是为了与众不同，为了降低传播成本，更高效地建立品牌。因为消费者对与众不同的东西更容易产生记忆，而对差异不大的东西往往记不住。基于品牌方的文化属性、品牌基因而形成的观点才会是独特而有效的。如果你洞察到这些之后，你的观点不仅是不一样的，而且能够切实地解决品牌方的问题，独特并不是为了独特而独特。

用创意的方法，用消费者容易记住的方法，用低成本的方法，将观点表现出来并传播出去，积累品牌资产。

以上就是快车道的六字真言——洞察、观点、创意。

### 热爱·沟通·效率

前面说了"洞察、观点、创意"六字真言，其实除此之外，我们还有另外六个字，即"热爱、沟通、效率"，这是快车道品牌咨询的内部守则。

我经常在公司内部会议上强调一个词——"热爱"。对每一个新入职的同事，我也都会说："要想进入这个行业，首先你要热爱它，否则你会做得非常痛苦。"如果不热爱，很可能做了一段时间之后，又要去转行，很多前期的积累就没有了。

前面我说很多策划公司做了一段时间之后就不见了，其中一个原因是，他们转行了，因为没有"热爱"。策划咨询是一个比较辛苦的行业，同时也是一个特别有意思和有成就感的行业，当你服务过的企业获得了实实在在的成功的时候，你的成就感是非常强的。这也是为什么每次我们接到一个新案子就特别兴奋、特别抱有期待的原因。

这个行业是越做越深，永无止境的。"没有最好，只有更好"，这句话是真真切切的，如果你不喜欢，你很难把这个行业钻研透彻。

"铁打的营盘流水的兵"，经过 25 年的大浪淘沙，快车道最后留下了一帮真正热爱这个行业并始终坚持的小伙伴。如果对这个行业没有热爱，他们的长期坚持是无法想象的。

沟通很重要。只有通过沟通，团队成员才能彼此了解，才能明确目标和责任，才能达成团队协作，合力作战。

有效的沟通更为重要，包括和同事的沟通、和客户的沟通等，而且要对不同的人，说他们能听懂的话。

有了热爱，做起事儿来才能不累，才会开心，才会获得成就感并长久坚持。

有了沟通，才能使工作推进有方向、有秩序、有节奏，最终才能提高效率。

扫码领取
· 思维解读
· 营销课程
· 品牌案例
· 色彩报告

FOOD BRAND
CHIEF THINK TANK

# 3

## 第三章
## 买点之下的产品研发

产品研发，就是研究市场，发现机会。产品研发不是只在实验室里埋头做研究就可以完成的。

快车道的产品研发原则是"研究"和"发现"。

**两个研究——研究消费者，研究需求。**

**两个发现——发现市场，发现机会。**

快车道的产品研发步骤是：

**深挖品牌方文化属性、品牌基因**

**研究消费者需求、研究消费者核心买点**

**发现市场、发现机会**

**匹配与之相应的产品**

这套"两个原则 + 四个步骤"的产品研发方法是快车道品牌咨询的核心竞争力之一。

快车道品牌咨询在食品行业内深耕了 25 年，熟知食品行业从原料选择到产品生产再到新品上市推广的全过程，伴随很多区域性小品牌成长为全国知名的大品牌，也助力过不少企业从小规模企业成长为上市公司。

正因为有了积累，快车道品牌咨询才敢说自己懂市场、懂品牌、懂产品，善于洞察消费者买点，进而才能为品牌方提供"物超所值十倍以上"的品牌终身服务。

# 一、打造产品的记忆点是重中之重

　　打造产品的记忆点，包括打造产品的口味、色彩、形状、规格、价格、包装、工艺等记忆点，其意义在于：一是满足消费者的差异化需求，二是降低消费者的记忆成本。

　　例如，传统的云腿月饼是"四两坨"，两个就有半斤多重。在物质匮乏的年代，它具有"量足馅儿大"的产品记忆。但时至今日，消费者的需求已经发生了变化。"四两坨"捧在手里个头太大，吃在嘴里味道太腻，一次吃不完，扔了又浪费，反倒成了负担。因此，"金莎云腿小月饼"就诞生了。原来每个重 300 多克，变成现在每个重 50 克。

　　产品规格变了，包装也要随之改变。包装的改变不是简单地由大变小，要在由大变小的同时让消费者从价值感上得到满

先有鸡还是先有蛋？
消费者要鸡就先有鸡……

——快车道"买点"方法论金句

我们的品牌，为什么一个个在兴起又一个个在没落？
这么多成为了"快闪"品牌，而星巴克、肯德基、麦当劳不会？
他们做对了什么？

——快车道"买点"方法论金句

足。因此，在洞察到了年轻一代对传统月饼包装的嫌弃感之后，快车道品牌咨询顺应了时尚潮人对产品颜值的需求，平移金莎巧克力的包装创意，用金箔纸包裹云腿小月饼。

在制作工艺方面，我们建议企业通过引进领先的进口生产线，降低生产成本，提高生产效率，更重要的是解决了传统云腿月饼销量受季节时限约束的难题。小、金箔、时尚，这些特点都是云腿金莎小月饼的独特记忆点。

原来大而腻的云腿月饼从口味、形状、规格、价格、包装、工艺等方面都有了改进，因为变小了，所以不腻了，皮馅配比也更加合理了。顺应消费者从吃饱到吃好，再到吃高级、吃流行的趋势，"金莎云腿小月饼"从红海中开辟出一片蓝海，成功引领月饼消费潮流，成为同行学习和模仿的对象。

# 二、产品研发一定要取势、借势

广州酒家的核桃包之所以能够成为速冻包点明星产品，原因在于借了"流心馅好吃"和"核桃补脑"的势。美心集团将流心馅做得这么好吃，教育了流心市场，"六个核桃"饮品铺天盖地的广告推广了核桃补脑的市场认知，整个食品行业各种核桃产品蜂拥而上，核桃原料一时"洛阳纸贵"。流心馅好吃、核桃有营养，再加上广州酒家的广式占位、酒楼基因以及大师背书，所有这些因素自然而然地支撑起了核桃包这个明星产品。

需要说明的是，我在这里提到的产品研发是营销策略层面的，而非生产制作层面。因为，大多数食品企业是具备足够的生产能力的，尤其在生产技术方面非常有实力，甚至很多经销商也具备生产潜力和后劲。

知道很容易，用心就行了。
洞察很难，不只用脑袋那么简单。

——快车道"买点"方法论金句

# 三、研究市场，发现机会

### 1. 桃李面包：鲜花饼

大家对鲜花饼应当并不陌生。那么，沈阳桃李面包旗下的桃李鲜花饼为什么可以在鲜花饼市场竞争已经很火爆的情况下，走出自己的路来呢？首先，桃李面包具备便利店渠道优势，它旗下的短保面包已经打通了便利店渠道，这相当于在红海当中找到了一片不需要重新教育的市场空间。

虽然鲜花饼是只在云南当地才有生产的特色食品，但即使消费者是在其他省的某家便利店看到了这种商品，也不会因为

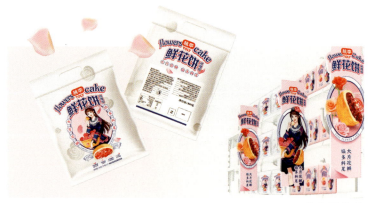

桃李鲜花饼

不是在云南本地而不购买。这种"看到就要吃到"的即时消费，在便利店最容易达成。

充分研究和理解了鲜花饼市场之后，桃李面包发现并充分抓住了这个机会。

### 2．丹东希悦：脆五仁蛋黄月饼

对于很多食品企业来说，中秋是一个不可错失的产品销售和品牌宣传的节点。不管做什么动作都是为了传播品牌，让消费者记住并购买。2020 年，快车道品牌咨询基于低成本高效传播的理念，重新审视丹东希悦鸭绿江食品有限公司的品牌资产，发现并启动了沉睡多年的"鸭绿江"商标，为其注入新活力。

一江碧水、两岸山川、鱼鸟相乐、万物生机……无需刻意营造，"鸭绿江"这三个字自然而然就能给消费者原生态、天然健康的品牌联想与识别，这就是希悦食品固有的品牌附加值。"鸭绿江"带给消费者意蕴健康美好的强联想，这也是它独特的品牌优势，我们决定基于"鸭绿江文化"构建品牌壁垒，并在此基础上研发中秋产品，开发"江山好礼"。

五仁是北方人的心头好，更承载着他们对岁月、故土的独特记忆，所以我们建议企业顺应消费者认知，选取五仁作为主打产品。环境绝佳的长白山馈赠的五仁加上鸭绿江的生态鸭蛋，完全足够为品牌方支撑起具备强竞争优势的产品。

销冠产品五仁月饼，果仁含量高达 40%，拥有熟制工艺，保持果仁酥脆。鸭绿江咸鸭蛋为国家地理标志产品，兼具产品利益点和文化利益点。

希悦鸭绿江脆五仁蛋黄月饼宣传海报

这套近乎"文章本天成，妙手偶得之"的产品研发策略不仅高妙地催生出一款强竞争力的产品，还直接推动了产品的视觉传达和沟通语等。

宣传物料的主形象，俯瞰鸭绿江，提炼江水蓝，点缀品质金，再提取象征自由、纯洁与高贵的鸭绿江白鹭。整个画面，充满山水写意之美，自然纯真，空灵动人。

设想一下这样的画面与意境：

一方山水孕育一种风味，
长白山的果仁，包含生态祝福；
鸭绿江的蛋黄点缀自然的情意。
历经千山万水，只为每一次团圆，
江山之间，自然好礼。

### 3．加州原野：厚西梅

"不识庐山真面目，只缘身在此山中"，品牌方常常会看不见自己的优势，而去仰望其他的山头。殊不知，在自己的脚

加州原野加州厚西梅宣传海报

下很可能就蕴藏着珍宝。

在服务北京万佳利食品的过程中，我们就遇到这样的情形。快车道团队调研发现，万佳利拥有一个叫"加州原野"的商标，而"厚西梅"这个产品和"加州原野"这个品牌名的气质简直可以说是天造地设。在我们看来，"加州原野"这个名字之前一直在沉睡，静静等待厚西梅这款产品的到来。

### 4．糖朝世家

倘若果真"万事俱备只欠东风"，那东风一定会来！文化属性、企业基因、产品个性都已具备，东风也必不负期待。我们来看看下面这个案例。

我们经常忘了，
自己为什么成功。

——快车道"买点"方法论金句

糖朝世家零食产品国潮化

　　国潮（带有中国特定元素的潮品）虽然这几年才云涌，但其实早在2013年就已经风起了。快车道品牌咨询为糖朝世家确定了"新古典零食"的定位。盛唐中国物产丰富，当代的许多零食品类其实早在唐朝已经存在了。快车道品牌咨询从品牌资产、品牌基因和文化属性的角度，探宝在糖果品类领域做得非常好的广东糖朝世家食品公司。从唐朝到当代，用年份的概念将其串联起来，相应的产品、品牌厚度都被挖掘了出来。

　　早在2013年，唐美仁、上官蜜、元芳饼、公孙卤……这些品类和文化结合紧密的产品就已充分展露出国潮特色。当下国潮云涌，扎实的文化根基和品牌固有的基因优势，就是糖朝世家的东风。

　　品牌积累离不开时间的助力，时间是品牌资产宝库里的一块巨大金砖。

◀)) 张口道来

### 中之杰为什么做肉粽？

中之杰食品是一家位于东北长春的企业，我们为什么要帮它开发"南方"肉粽，并将肉粽打造成它的明星产品呢？

我们提出这个方案之初，品牌方也被吓了一跳："你知不知道东北人是不吃肉粽的？肉粽是咸的，东北人爱吃甜粽。"

确实，大家习惯把粽子分成两类，北方甜粽和南方肉粽，南方肉粽也就是所谓的"咸粽"。

事实上，在那个时候，以浙江嘉兴五芳斋为代表的南方肉粽在东北已经赢得了很可观的市场。东北这么大的肉粽销量都卖给了谁呢？难道全都卖给了在东北的南方人吗？况且，北方人不是喜欢大口吃肉大碗喝酒吗，这又怎么解释？

在洞察了消费者的喜好之后，我们发现，消费者并不在乎是南方的粽子还是北方的粽子，也不在乎是甜粽还是咸粽。

消费者买粽子，第一是吃粽子本身，第二是为了应节，第三是为了送礼和传情达意。好吃是基础，另外就是希望在节庆期间、送礼的时候体现仪式感和价值感。

在好吃的层面，不论是咸的还是甜的，不论是南方的还是北方的，只要好吃就可以；在送礼的层面，消费者需要有价值感的粽子，这时馅料丰富、工艺复杂的肉粽更容易满足购买者的需求，而且礼尚往来的需求会随着经济水平的发展和人们的生活水平的提高不断扩大。

粽子是节令产品，只在端午前很短的一段时间内集中销售。在"品牌温度和消费者黏性"方面，外来品牌不具备本地企业的优势，而中之杰是名副其实的东北人身边的品牌，365天都在通过不同的产品与本地消费者沟通，积累了良好的口碑与认知。

因此，与外来企业相比，中之杰的竞争优势是品牌温度和消费者黏性；与本地其他同行相比，中之杰的竞争优势是"港致美厨"品牌定位带来的产品差异化。

扫码领取
· 思维解读
· 营销课程
· 品牌案例
· 色彩报告

FOOD BRAND
CHIEF THINK TANK

4

第四章
买点之下的明星产品

品牌品牌，先有品再有牌，任何品牌的成功依托的都是产品的成功。成功的产品，我们称其为"明星产品"。在我们的定义中，明星产品必须是畅销且能持续畅销的，并非极有可能只是昙花一现的爆款产品。

明星产品之所以成功，必然有其自身的核心价值点。明星产品的打造路径无法照搬，但背后的思考逻辑却有相通之处，这是不同品牌之间或者同一品牌旗下的不同产品之间可以学习借鉴的。

接下来我从快车道买点方法论出发，结合实际案例来谈谈如何打造明星产品。

潮流走向设计趋同，这时候更需要品牌主张、标签与定义自我。奢侈品如此，做品牌亦如此。

——快车道"买点"方法论金句

# 一、为了好吃，
# 我们不怕麻烦的泡芙

　　打造明星产品，"选品"很重要。销售数据是我们选品的重要参考依据，只有从数据出发，我们才能得知哪些产品是有受众基础、能满足消费者买点和消费者核心需求的，总之就是最具"明星产品相"的。

　　泡芙这款产品销售火爆，各大品牌也都推出了自己的泡芙产品。惠诚滋知的泡芙产品如何才能够脱颖而出呢？它能满足消费者的哪些更深层次的需求？这就需要从惠诚企业的自身优势和特性方面去挖掘了。

　　首先，泡芙好吃的关键是什么？原料，工艺，新鲜度，还是口味？作为现烤类产品，当然是"越新鲜越好吃"。而惠诚滋知作为烘焙连锁企业，门店设有独立的"现烤制作间"，具备向消费者提供新鲜现烤泡芙产品的技术条件和时间、空间条件。

　　饼店的通常做法是提前将泡芙做好，然后放进冰箱冷藏，消费者需要时取出来。这样做的好处是：制作方便、销售方便、消费者购买方便。但这种方便必然会使泡芙的口感大打折扣。刚烤出来的泡芙皮是酥脆的，过了时间就会变得软塌，"热酥皮"才是最佳状态的泡芙口感，冰爽的内馅过了一段时间也没

惠诚泡芙明星产品

那么好吃。

但是，新鲜的皮、新鲜的内馅都不难做到，也不足以成为消费者的记忆点。"现场灌"才是新鲜的记忆点，"现场灌"的泡芙才是最好吃的。热酥皮与超零度冰馅交融，才能激活人类味蕾的极致体验。

据此，快车道品牌咨询提出"现场灌，才是一颗泡芙该有的灵魂"的产品主张。"为了更好吃，我们不怕麻烦"，抛弃提前制作好放入冰箱冷藏的方便，制作"现灌"泡芙。一个动作，将心注入，让制作过程可视化，让泡芙变得生动。

"不怕麻烦"不仅体现在"现场灌"，还体现在口味升级方面，惠诚滋知为消费者提供了更多选择。除了原味泡芙，还有芒果味、草莓味和咖啡味泡芙。

今天的消费者已经不只是为了果腹的目标去购买食物，更多的是为了"尝鲜"，现灌泡芙的惊艳口感恰恰充分满足了这个维度的消费者买点。

于是，主张"现场灌，新鲜吃"的惠诚泡芙明星产品就诞生了。

# 二、本地人认同、外地人喜爱的"杭味手揉蛋黄酥"

知味观由孙翼斋先生于 1913 年在杭州创立，具有浓郁的江南特色，素来主张"欲知我味，观料便知"。 知味观被网友热评为"相当有名"的老字号饭馆，其他评价包括"本地人从小吃到大的""外地来玩的都想去吃一次"以及小吃"最为经典"、品类"很是丰富"等。

品类很是丰富的另一面，似乎可以说还缺少一款极具品牌个性的明星产品。

2016 年前后，蛋黄酥火遍全国，各地食品企业都相继推出了具有自家风格的蛋黄酥。知味观作为一家百年老店，能否满足新时代的消费者对时尚品类蛋黄酥的需求，研发出独具知味观个性的蛋黄酥明星产品呢？

> 品牌要有自己的调性，做自己。
> 不要少年老成，也不要倚老卖老。
>
> ——快车道"买点"方法论金句

> **形象代言人是品牌文化符号的表现形式之一。**
>
> ——快车道"买点"方法论金句

快车道品牌咨询为品牌方做策划从来不是天马行空地想象，我们尊重品牌方的文化属性，深挖品牌基因，以此做基础，再针对性地塑造产品特性。

首先，知味观拥有"知味停车，闻香下马，欲知我味，观料便知"的文化基因、餐饮老字号的酒楼基因、2016 年 G20 峰会在知味观设宴的时代基因、得天独厚的酥式点心馅料技艺基因，另外还拥有"为味道坚持了 100 年"的经验和态度，以及本地人的消费黏性、外地游客对百年老字号的信赖。

其次，蛋黄酥是从苏式月饼演变而来的，源于唐朝，盛于宋朝，当时被称为"酥得掉渣的月饼"。19 世纪随着两岸交流增加，大陆酥点制作技艺传入台湾并得以改良，酥皮制作用黄油混合咸鸭蛋黄替代猪油，蛋黄酥由此诞生。

从地处江南、百年文化沉淀、制作工艺等角度切入，快车道品牌咨询为知味观策划了以"手揉、经典、杭州、味道"为调性的中秋明星产品——杭味"手揉蛋黄酥"。"杭州手揉，一口江南味"，为什么是"手揉"而不是"手作"？因为更加具体的"揉"的动作可以传递独特的产品个性和区域文化，将杭州这座江南城市的温婉气质和产品制作工艺的"揉"两相结

知味观杭味手揉蛋黄酥

合，才能更加完整地呈现出浓郁的杭味江南特色。

为了更好地满足消费者的需求，在产品口味方面，除了莲蓉、豆沙等传统口味，还推出了榴莲、抹茶等多种时尚口味；在产品包装方面，我们从"知味观·懂味"这个品牌调性出发，为知味观蛋黄酥设计了"杭味、湖边、食味、味来、常在"几大主题的包装。

百年企业借势而上，知味观"手揉蛋黄酥"甫一上市立刻跻身全网明星产品，成为一款本地人认同、外地人喜爱的代表性杭味点心——"来了知味观，得吃蛋黄酥"。

# 三、明星产品战略
# 让消费者立刻记住你

市场数据显示，2021 年期间，网红品牌墨茉点心局、虎头局渣打饼行、轩妈糕点等都获得好几轮融资，詹记、泸溪河旗下门店均已超过 200 家。这似乎表明，"新中式烘焙"这条赛道眼下正被资本看好。

有人认为新中式烘焙之所以受到热捧是得益于大量资本的注入，有人认为是国潮消费趋势引发，有人认为是"互联网＋"经济的一种。无论如何，明星产品都是新中式烘焙热潮的必要因素，诸如鲍师傅的肉松小贝、墨茉点心局的麻薯、詹记的桃酥、泸溪河的桃酥等。

如何才能打造明星产品呢？落实明星产品战略的核心和关键到底是什么？我们来看看资深行业玩家桃李面包的打法。

> 我们会不会经常用战术上的勤奋，
> 掩盖战略上的懒惰？
>
> ——快车道"买点"方法论金句

　　桃李面包自 1997 年开始扎根烘焙行业，早已发展成为一家跨区域的全国知名面包品牌，其核心优势是新鲜短保、价优物美，目前已在全国战略性布局二十余家生产工厂和将近 30 万个零售终端，便利店渠道优势尤为突出。

　　桃李面包与快车道品牌咨询之间的战略合作关系迄今已持续了十年以上，相互了解和信任不同一般。基于对桃李面包综合优势的深刻理解，我们为桃李面包明确的明星产品战略方向是锁定红海市场的大品类。

　　在鲜花饼这个赛道，前有嘉华、潘祥记等巨头提早发力，后有好利来、丫眯等新锐品牌进入。桃李面包的鲜花饼如何才能成功突围，成为明星产品？

### 1. 确立明星产品战略

　　鲜花饼这个品类经历了一个从云南当地特色产品到云南旅游地消费品，再到标志性云南伴手礼，最后成为深受全国民众喜爱的休闲食品的演进过程。在这个演进过程中，云南省得天独厚的旅游环境是"一级火箭"，众多的外地游客首先让云南鲜花饼实现了覆盖全国各地的品类认知，在此基础上形成的电商复购则是鲜花饼市场进一步做大的"二级火箭"。

　　再细致审视桃李面包的渠道变化、便利店人群大数据，我们洞察到，如今的点心消费者比以往更强调即时消费、即时享受，便利店场景对消费者的即时性价值也开始从即时购买转移至即时享受。在这个情势之下，桃李面包如果能充分发挥自身的强大终端优势，借力鲜花饼的流量势能，去满足消费者"想要、立刻要"的需求，做自己的鲜花饼明星产品就大有可为。

## 2．产品命名

要打造明星产品，产品命名是至关重要的一个方面。因为产品命名的核心意义在于降低潜在消费者的记忆成本、降低顾客的选择成本和降低品牌的传播成本。产品名称一旦确定，积累品牌资产的过程也就开始了。

作为一个拥有相当规模优势的大品牌，桃李面包要占就占大品类，而且还应当充分考虑品类的未来延伸性。

烘焙内行都知道，就产品的制作原材而言，鲜花饼的精准表达其实应该是"玫瑰饼"，但消费者认知"鲜花饼"已有三十多年的时间。最终，将桃李面包推出的产品统一命名为"桃李鲜花饼（玫瑰馅）"，既兼顾了消费者的既有认知，又为桃李鲜花饼向其他馅品延伸品类做好了铺垫。

## 3．打造品牌文化符号

形象代言人是品牌文化的重要承载符号和表现形式之一。品牌方选择形象代言人，要充分考虑其与品牌及产品的契合度，要能强化品牌和产品在受众群体中的辨识度与认知度，并与消费者形成有效链接。

桃李鲜花饼的文化符号该如何打造呢？快车道项目团队对景点、植物、动物、人物、区域文化等品类和品牌相关素材做综合提炼和抓取的工作，找出能充分代表桃李鲜花饼性格且有

桃李鲜花饼

高识别度的素材，再结合年轻消费群体的审美喜好和产品生动化陈列的需求，最终决定用一个少数民族少女来打造桃李鲜花饼的代言形象。

我们再来确认，消费者为什么要购买桃李面包的鲜花饼？

鲜花饼好或不好，关键在鲜花馅和皮。只有新鲜的花瓣才保留了天然花香气味，鲜花酱馅料则无法做到，但这需要高昂的成本；另外，鲜花饼外皮的口感也非常考验用料和制作工艺。桃李鲜花饼承载着桃李面包的"桃李"基因，不用鲜花酱，特意采用大片花瓣，超多料、超酥皮，让消费者感受到好料、多料、高性价比。

鲜花是消费者购买鲜花饼的核心买点，"大片花瓣""云南千亩鲜花基地直采""日照超 13 个小时玫瑰"，买点清晰明了，非常容易记忆，既有效降低了记忆成本，也充分传达了产品本身的价值。

# 四、黄金小罗汉卖萌互联网

我们都知道，罗汉果味甘性凉，有润肺止咳、生津止渴、润肠通便的功效。可是你想过没有，罗汉果为什么叫"罗汉"果？

据传说，如来佛祖身边原本总共有 19 位罗汉，其中一位罗汉看到凡间百姓受尽疾苦，于是甘愿堕入凡间，化身为一枚果实，以解救众生。百姓为了纪念这位罗汉，便将这种果实取名为"罗汉果"。

罗汉果在中国南方是一种常见物产，很难做出产品差异化，市场售价每个几毛钱到几元钱不等，价格很透明。果农出售罗汉果原料经常论筐卖，筐中罗汉果个头大小不一，有完整的，也有表皮破碎的，但做罗汉果深加工产品的品牌方只能照单全收，不能挑选。

通常情况下，如果品牌方只将大果和中果卖出去了，不过刚好平本，只有将小的、表皮破损的罗汉果也都销售出去了才能产生盈利。

以往人们会认为只有大的果子才是好的，但事实上大的罗汉果不少是中空的，小果子内部反而比较饱满。经常会出现将大果子掰开后泡水喝用不完，小果子却刚刚好，不会造成浪费的现象。也就是说，小罗汉果在功效和营养价值上与大罗汉果是一样的，从经济性的角度考虑，小果反而比大果更好。

桂林沁漓贸易有限公司是一家电商基因突出的品牌方，主营"原产地，好工艺"的广西罗汉果。这家企业面临的状况是，线上竞争激烈，同行间产品差异小，线下加工企业开始试水线上业务，等等。

罗汉果的消费人群是谁？电商消费人群的特点是什么？

快车道品牌咨询经过调研发现，罗汉果作为一种健康的冲泡植物产品出现在市场上已经很久了，主要购买和消费人群锁定在25—45岁的白领、教师、医务人员、培训师、演艺人员和公务员等。这几类人群的购买渠道大多是在线上，他们对品牌、品质和使用的便捷性提出了更高的要求，而这些需求此前并没有得到充分的满足。包装简陋、味道过甜、个头太大、浪费不环保、包装老土无趣等是主要消费群体的集中吐槽点。

快车道品牌咨询是如何通过洞察消费者的核心买点，帮助沁漓罗汉果这个电商品牌研发产品、塑造品牌个性呢？主要有以下几点：

（1）只选自然成熟、新鲜的罗汉果进行脱水，采用第三代升级制作工艺，确保罗汉果富含高营养价值的同时果香和口感不受影响；

（2）将果肉与茶包结合，依照推荐泡水量对果子进行精包装，同时为消费者搭配不同口味，以满足不同需求；

（3）开展精确试验，测试出罗汉果与辅料的黄金配比，确保不失功效的前提下口感最优。

最终，我们指导沁漓罗汉果分别以白领、教师、医务人员和演艺人员等不同职业为原型，设计相应的职业特质明显的小罗汉作为包装主形象。通过网络消费场景，让产品直接与消费

沁漓罗汉果包装主形象

者产生链接。这几款小罗汉主形象看起来憨态可掬、亲切可爱，充分满足了年轻一代对个性与潮流的追求。

我们将沁漓的罗汉果产品命名为"黄金小罗汉"，借由独特的小罗汉形象强调黄金配比的价值感，凸显产品特性，从卖产品升级为卖品牌和文化认同，塑造独特的品牌个性。

在宣传话术上，用"小的刚刚好"定义产品功效，充分考虑了互联网消费人群的独特需求，可自用可送礼，还体现了环保的理念，因而在同类产品中脱颖而出，沁漓"黄金小罗汉"明星产品应运而生。

从消费者的买点出发，帮助企业解决罗汉果小果滞销的难题，真正做到了让企业和消费者互利共赢。

# 五、如何在"比根不比新"的粽子市场脱颖而出

　　全国各地都有本区域的粽子品牌，作为一种传统的节令食品，粽子品类向来是比"根"不比"新"。在激烈的市场竞争中，如何才能脱颖而出呢？以丹东希悦鸭绿江食品有限公司（以下简称希悦食品）的案子为例，我来说一下粽子品类如何通过明星产品策略实现品牌提升和突围。

　　希悦食品坐落于美丽的边境城市辽宁丹东。公司厂区位于鸭绿江畔，依山傍水，景色秀丽，这里有独一无二的高认知地理坐标，即长白山黑土和鸭绿江。同时，希悦还是东北三省唯一被授予"全国五星级饼店"荣誉称号的烘焙品牌，是当地人心中的大品牌。

　　希悦食品始终严格把控产品品质，持续改进肉粽产品，粽子含肉量也逐年提升，希悦大肉粽已经连续三年取得了丹东销量第一的成绩。实事求是地说，在快车道品牌咨询介入希悦食品的明星产品项目之前，希悦食品已经在当地市场成功占位了"大肉粽"这个品类。

　　不过，即使单纯从生产成本的角度考虑，也可知通过"逐年提升粽子含肉量"的办法来维持占位毕竟不是长久之计，更

无法提升品牌价值。况且,"大肉粽"这个品类的概念非常大,一旦有外来大品牌进入当地市场,希悦食品作为一个区域品牌不仅很难坚守占位,还很可能面临被收割的局面。

也就是说,从长远发展和提升品牌溢价的角度出发,希悦食品必须回答一个问题:在明确了"大肉粽"这个品类方向之后,如何才能打造出具有自身品牌基因和文化属性的"差异化的明星产品"呢?

有的企业常常会忘记检视自己为什么成功,其实很多成功的因素都静静地沉淀在品牌的骨子里,只是有待发掘。

希悦食品地处长白山脚下,我们找到了在全国消费者当中都有很高认知度、在当地更是名列"关东三宝"之首的 "百草之王"长白山人参。

人参和粽子之间有可能性和关联吗?有!从跨界概念出发,我们决定将价值和价格都极高的人参产品植入传统节令食品。

在消费者心中,人参高汤是高品质、高价值的大补食品。因此,快车道品牌咨询指导希悦食品将人参熬高汤入粽,打造"人参高汤大肉粽",强化销量口碑俱佳的大肉粽品类,进而凸显本品牌的独特区域价值和烘焙饼店的高端品质。

在物质利益层面,"人参高汤大肉粽"的口感超出消费者意料。在精神价值层面,"人参高汤大肉粽"成功定位为一款高端礼品粽。在营销传播上,首先基于产品优势提炼出"参鲜"和"肉香"这两个关键词,然后用"人参高汤大肉粽,参鲜、肉香、真好吃"这句完整的沟通语直接传达产品优势和顾客利益点。

# 六、如何依靠明星产品成功突围

"是骡子是马，拉出来遛遛就知道。"对于众多食品及烘焙行业的品牌方来说，糖酒会就是一个看得见摸得着的赛场。如何才能在这个赛场上证明自己是马不是骡子，而且是一马当先的那匹呢？有没有一款明星产品很可能就是分水岭。接下来我将通过快车道公司以往操作过的四个明星产品案例，详细阐述基于"买点"理论的明星产品策略。

## 1．精准的品类概念

2016 年 A 股上市的休闲零食品牌来伊份有一款超级成功的明星产品——"1 号金芒"芒果肉。快车道品牌咨询在做前期市场调研时，洞察到消费者并不喜欢干巴巴的芒果"干"。

基于此，我们为"来伊份"（上海来伊份股份有限公司）创新了品类——芒果肉，产品命名为"1 号金芒"，并为这个产品打造了"芒果王子"的文化符号，通过差异化的包装设计在货架上吸引消费者的眼球。"1 号金芒"芒果肉火爆上市之后，来伊份和快车道品牌咨询开启了甲乙两方联手打造亿元级明星产品群的时代，陆续推出"4 号猪肉脯""百年小核桃"等明星产品。

"1号金芒"芒果肉打造要点如下：

独占品类：芒果肉

品牌名称：1号金芒

包装形象：芒果王子

锁定优质资产："1号·金"

最开始，我们指导来伊份跳出通常的"芒果干"品类称谓，开创了"芒果肉"新品类，沟通语是"肉肉的，厚厚的"，"厚"是消费者的买点。后来，来伊份又基于"芒果肉"的品类创新思路，将其进一步升级为"芒太后"："太后"既是一种众所周知的尊贵身份，同时也谐音"太厚"，暗示了果肉很厚的产品利益点。再后来，来伊份又相继推出了"葵大仁"瓜子，"大仁"与"大人"谐音，既是一种拟人化称呼，也暗示了瓜子仁儿很大。

"芒果肉""芒太后""葵大仁"……来伊份开创的这些

来伊份芒果肉宣传海报

品类市场反响都特别棒，因为都是基于精准的消费者买点开创的。

这跟快车道品牌咨询在多年前为糖朝世家策划的"公孙卤""元芳饼""唐美仁""上官蜜"等产品的命名有异曲同工之妙。

快车道品牌咨询操盘的"加州原野"厚西梅项目，也运用了开创新品类的策略。

北京加州原野（原万佳利）食品有限公司董事长陈俊兴是食品行业经销商出身，市场嗅觉极灵敏。2015年的时候，他看准了溜溜果园旗下的"溜溜梅"这类休闲食品会是未来的大趋势。基于多年以来持续合作的信任，陈总再次找到了我们快车道品牌咨询。

于是，双方签订了一个意在"打造和推广一款青梅产品"的项目合同。项目的前期沟通和启动以及快车道团队接下来的市场调研、总结分析、策略推导等各个作业环节都与以往的任何一个项目一样按部就班、紧张有序地往下推进，说是平淡无奇也不为过。

然而，到了提案阶段，发生了一件在品牌方看来可能非常"可爱"的事情：双方合同约定的是打造一款"青梅"产品，快车道提交上来的产品概念却叫"厚西梅"，甚至还"很过分"地将品牌方的产品商标也改了。

可以说厚西梅这个产品概念，在市场上原来是不存在的，而且品牌名最初也不叫"加州原野"，而叫"万佳利"。

虽说双方是合作多年的老朋友了，可快车道这波操作是不是胆子忒大了些？其实，这是最彻底地运用"买点"思维指导产品开发和品牌推广的结果。

快车道展开深入调研之后发现，西梅不仅是一种休闲零食，还有保健效果，能够帮助人体肠胃排毒，老人、小孩、年轻人都可以食用。在国外，以西梅为原料的产品已经非常成熟和多样了。在国外深受消费者欢迎而国内尚未兴起，那万佳利有什么理由不做一个引领风气之先的产品呢？

更神奇的是，我们发现，万佳利手上恰好有一个早就注册下来了但沉寂多年的商标——"加州原野"。最巧的是，全世界超过90%的优质西梅正产自美国加州，再不启用"加州原野"这个商标，那不是暴殄天物吗？

我们毫不犹豫地将"加州"确定为这款西梅产品的核心品牌资源，通过灵活运用阳光、大海、冲浪、沙滩排球、农场等典型加州元素来传达原汁原味的西梅原产地风情。

在产品开发策略这个层面，我们洞察到一个意义重大的消费需求：西梅的核很大，肉很薄，吃得不过瘾。因此，从"消费者希望吃得过瘾"这个角度切入，我们很自然地投其所好，提出了用独特工艺研发"厚西梅"的产品主张。

拒绝跟风溜溜果园的常规思路，以最彻底的方式紧扣消费者买点，并巧妙运用已在品牌方手中"沉寂"多年的品牌资产，创造性地推出"厚西梅"的概念，让产品在销量和品牌价值上都收到了意外惊喜。根据品牌方提供的数据，自2015年3月20日糖酒会开展到当年的10月16日，"加州原野"厚西梅在211天内完成了从0到1.1亿元的销售业绩，全年销售额突

加州厚西梅

破 1.6 亿元并持续增长。

"加州原野"厚西梅项目策略思路回顾：

（1）洞察消费者

· 消费者购买心理：除了好吃，还是好吃

· 食物维度：每一样食物都有达到好吃标准的规则

· 消费维度：好吃是消费者购买食物的根本

（2）创新产品（品类）

· 重新定义西梅新标准

· 得天独"厚"的厚西梅

· 得益于加州得天独厚的自然环境，加州西梅的果实滋味相较于其他西梅更为厚醇，阳光优厚，果质醇厚，滋味丰厚……

（3）品牌塑造

· 品牌名称：加州原野

· 产品属性：来自美国加州

· 包装形象：加州农场

· 沟通语：加州厚西梅，厚的超好吃

圣士脏脏系列产品

## 2. 放大社交属性

如今食品行业品牌众多、竞争激烈，产品好吃只是标配，还要好玩才能有效加分。快车道认为，"好玩的"产品更有可能大卖。为产品注入强社交属性，塑造鲜明个性，这为落地执行明星产品策略提供了另一种非常有前景的路径。

2018年是"脏脏"元年，"变脏"也成为一件好玩的事儿。

基于顺应社交潮流，将时尚"暗号"转化为产品记忆点的策略，快车道为辽宁圣士集团开发了两款明星产品——黑金巧克力脏脏月饼、脏脏包mix月饼。借助于汹涌奔腾的"脏脏"流量，这两款产品以近乎零成本的传播迅速占领市场，狂销3000万个，迅速实现上亿元的营业额。

元宵节前夕，快车道品牌咨询继续借助脏脏月饼热销之势，持续跟进市场，为"脏脏家族"再添又一热销新产品——脏脏汤圆。

## 3. 简洁有力的诉求

从消费者买点出发，给他"需要"的，而不是他"想要"

的。有效的品牌诉求，能驱动消费者购买决策，在消费者与品牌之间建立起强有力的连接。

乘着消费需求和零食品类升级的东风，坚果成为休闲食品品类中的"当红炸子鸡"，引得众多品牌争相效仿。在这一片竞争惨烈的红海当中，北京臻味坊是如何依靠看上去简简单单的"果仁多"三个字杀出一条血路来的？

快车道从消费者追求健康、营养的买点出发，以直属北京市科学技术研究院的北京营养源研究所为品牌背书，提出果仁"多一倍·×2"的概念，连接消费者买点与产品研发。

"多一倍·×2"不仅树立了行业新标准，更与同类产品形成了明显的差异，形成独特的市场竞争力。

除了创新产品概念，我们还针对不同人群的差异化需求，研发出相对应的"多一倍"产品：针对多用脑人士，我们提供"核桃多一倍"；针对纤体女性，我们提供"扁桃仁多一倍"；针对运动人群，我们提供"腰果仁多一倍"……

除了率先提出"科学配比"理念，另外还借助通俗易懂的品牌沟通语"臻味果仁多，没有哈喇味"向消费者传递臻味坚果的保鲜技术新概念。

臻味果仁多宣传海报

# 七、明星产品群铺就企业持续增长之路

　　一个人走得快，一群人走得远。企业的产品体系也是如此。企业要想获得市场突破，必须有至少一个明星产品；要想保证长期持续增长，必须打造出"明星产品群"。拥有明星产品和明星产品群，企业的长远发展才有充足的保障。

　　先从"藏不住"的惠诚老婆饼说起。许多消费者认知老婆饼可能是从"老婆饼的故事"开始的，而且很可能是好几个不同版本的故事。我们需要思考的是，对于这个产品来说，消费者购买的是产品的故事，还是产品本身？是故事好听重要，还是产品"好吃"重要？

　　细致调研消费者对产品的评价，才能洞察消费者最真实的消费体验。快车道品牌咨询发现，消费者在互联网上搜索产品的时候，"老婆饼"和"酥饼"的关联度极高。这说明在消费者的认知当中，评价老婆饼品质的第一个标准就是"酥"，因此策划老婆饼的口味时，毫无疑问应当"酥"字当头。

　　既然消费者对饼皮的"酥"抱有强烈的认知和好感，那"饼皮好吃"就是最直接的买点。如何将这个买点用更直观、更有诱惑力的语言表达出来呢？我们想到了一句"皮比馅更好吃"。好吃的酥皮就在眼前，比馅料更直接，"藏都藏不住"，"皮

惠诚老婆饼宣传海报

比馅更好吃"的惠诚老婆饼自然脱颖而出了。

老婆饼是惠诚常规食品中的明星产品，而"酒香系列"则是惠诚节庆产品中当之无愧的明星产品群了。

"聚全世界的好，让好吃更好吃"。惠诚滋知基于其对贵州物产和人文风俗的深刻理解，凭借将近30年的专业积淀，不断创新粽子的口味。2020年，惠诚滋知在行业中领风气之先，首创以53°飞天茅台酒入粽，结合鲜嫩的土猪肉、香糯微甜的五常糯米和自然清香的黄山箬叶，全心全力聚好料做好粽，将酒香肉粽打造成当之无愧的"粽中新贵"。

此后，惠诚滋知坚持基于地球人都知道的黔地优势特产研发产品，将酒香作为独特记忆点，陆续推出酒香流心、酒香汤圆等特色鲜明的明星产品，打造出"酒香系列"明星产品群。

将得天独厚的区域优势物产与创新产品嫁接，兼顾产品差异性和区域独占性，"酒香系列"非惠诚莫属。

在本书第二章《买点之下的战略》中，我谈到了快车道品牌咨询为长春中之杰食品公司策划了分属节令产品和常规产品的两类明星产品群。具体来说，中之杰的节庆产品群包括粽子、月饼、汤圆三大节令产品，常规产品当中的明星产品包括粘豆

中之杰粘豆包宣传海报

包、大肉包、煎饼等。

从"肉粽""港式靓肉粽"到"山黑猪肉粽",再到"XO 酱山黑猪肉粽",中之杰的产品概念一直处于行业领先地位,年销量过亿,品牌影响力覆盖东三省、辐射全国。

每年入冬之后,中之杰的粗粮产品也进入一年当中的热销期。粘豆包就是一款非常具有记忆点的北方粗粮食品。制作粘豆包所用的原材料是好山好水好糯米、晒足阳光的好玉米、肥沃黑土生长出来的好红豆,经过288小时古法浸泡、19道水磨、180分钟文火慢炒、3∶1∶1精确配料、糖油黄金配比等程序环节制作而成。

我们整合了立冬、小雪、大雪、冬至、小寒、大寒以及元旦、春节与寒冷有关的节气节庆,结合东北当地的风俗文化,将产品以拟人化方式呈现,从食材、民俗、情怀、励志、荣誉等角度进行创意和系列推广。

粘豆包也成为中之杰明星产品群中可爱而成绩傲人的一员,连续几年蝉联品类销售冠军,并被中国著名品牌烘焙食品品评会评为"金牌产品"。

🔊 **张口道来**

## Logo 要大一点儿还是小一点儿？

品牌方和设计方在沟通时经常会遇到这样的问题：品牌方不断要求 logo 大一点儿、再大一点儿，设计方却认为 logo 应该小一点儿、再小一点儿；品牌方担心自己的 logo 不明显，消费者看不到，设计方则认为品牌方的 logo 太大了不好看，影响设计。

为什么会有这样的冲突呢？

有一个原因是，设计方没有跳出自己的思维习惯，没有站在对方的角度去思考问题，不了解对方的真正需求。

品牌方要的是品牌露出，以积累品牌资产，增强消费者的黏性，产生购买以及重复购买，而不仅仅是一张漂亮的、跟品牌无关的画面。

设计方觉得 logo 不好看或不好用，有两个原因。一个是设计方本身的设计水平不够，缺乏品牌意识，不会应用；另一个原因是企业原有的 logo 设计有天生的缺陷，设计 logo 之初没有考虑到后续在不同材质、不同包装和不同广告场景的应用，甚至扰乱视觉传达。

我们再回到 logo 大小的问题上来。前面提到品牌方希望自己的 logo 大，那么为什么在现实中我们看到很多大品牌的 logo 放得很小呢？其实你有没有发现，它们的 logo 虽然很小，但是很显眼，你能看到、能记住。那是因为它的应用背景特别简单，logo 是唯一的视觉中心点，你必须看且不得不看。

有的品牌甚至"霸占"了一个色彩。当看到独特的橙色，即便没有 logo 的情况下，都会让人联想到爱马仕。一个独特的色彩也是一个品牌的记忆点。

在很多大型体育赛事的背景板上，赞助商的 logo 是如何应用的呢？logo 不大，但在不停地被重复，想忽略都难。

因此，logo 的大和小不是问题，如何被看见、被记住才是关键。

FOOD BRAND
CHIEF THINK TANK

# 5

## 第五章
## 买点之下的设计

　　快车道品牌咨询所提供的设计服务都是从洞察消费者买点出发的，做设计应当服务于品牌方的战略和品牌需求，不要为了设计而设计。

　　快车道公司之所以能从一家食品包装设计公司开始，后来升级为策划公司，之后再发展成为品牌咨询公司，是因为我们的洞察、观点、创意从来都是从消费者买点出发的，所以才能为品牌方提供真正有市场价值、能赚钱的服务。

　　快车道将自己的服务领域定位于食品行业，而食品行业又属于大快消行业之下的一个细分领域，我们的设计出品必须在一个相对较短的时间内推向市场，也因此可以非常快地获得市场反馈。比如，我们打造的金贝儿"点心供销社"，就是在不到一个月的时间之内完成的，可以说是边设计边落地，甚至项目还没有完全做完，火爆的市场效果就已经显现出来了：每天下午6点不到，"点心供销社"产品必然售罄，员工也"只好"提前下班了。

　　什么是好设计？这就是好设计。我将在本章为大家分析快车道开展金贝儿"点心供销社"项目的更多细节。

# 一、乙方的设计到底是做给谁的

一二十年前，在不少甲方看来，设计公司、策划公司、咨询公司很多时候和骗子只有一步之遥。之所以会出现这种现象，其实也不能全怪乙方"不靠谱"。因为很多品牌方可能并不清楚自身需要解决的到底是什么问题，盲目找一家"反正看起来都差不多"的乙方公司，实际合作之后发现双方并不匹配，导致非但没有解决问题，甚至还增添了新的问题，亏点项目费用事小，错失发展时机事大。

实际上，甲乙双方合作哪有那么简单呢！

从前期项目对接到签订合同，再到项目正式启动以及项目当中的每一个大项和细项，大到涵盖"从战略定位到品牌建设、从产品研发到方案落地"的全案执行，小到"单一的包装设计"，乙方公司都应当扎扎实实地去做好前期市场调研，细致全面地分析品牌方作为一个商业组织、作为一个社会机体的组成分子以及作为一个企业主和员工的综合体所面临的方方面面，找出其与其他同行到底存在哪些有意义的差异，据此为品牌方量身定制策略和创意方案，而不是将一套几乎放之四海而皆准的所谓"解决方案"放进一个套路化的模板扔给品牌方了事。

大多数乙方企业都会在大门入口处等显眼处挂上一些字画，快车道品牌咨询也难以免俗，其中有一幅字是"慢慢来，比较快"。毫不夸张地讲，这六个字确实是我们公司这么多年积累下来的经验，更是我们不变的信条。

从服务内容和业务方向角度观察，当前的国内乙方公司大致有以下几种类型：可以提供设计服务的策划公司、可以提供策划服务的设计公司、只做策划不做设计的公司、只负责出策划方案不做落地执行的公司……当然，也有从策划到设计到落地都很厉害，而且还一直在某个行业领域深耕的公司。

快车道品牌咨询就是从设计入手不断积累和发展，逐渐升级到设计和策划都做，再到为甲方提供总体品牌咨询服务的，而且我们一直聚焦于食品行业，到如今已经坚持了25年。我们一直致力于用系统的效果导向的营销思维，帮助品牌方解决各种现实问题，我们提供的是"可落地、易执行、低成本、特商业"的系统全案。

有不少品牌方最初可能是因为对自己的产品包装不满意而找到了快车道品牌咨询，经过我们调研和洞察之后却发现，品牌方的问题其实不仅是包装的问题，"不满意包装"只是问题的表象。

快车道品牌咨询的服务宗旨是要帮客户赚钱，所以所有的包装问题，都要站在市场角度来审视，包装设计的表层目标是改进视觉，实质则是提升产品的附加值和品牌溢价、累积品牌资产，进而降低消费者的选择成本，最终实现提高销量的目标。

以月饼品类为例。以前提起月饼的包装，消费者通常会直接想到"大红底上一个圆儿，画上一两朵大牡丹，题上花好月圆"，这也是消费者眼中的"好设计"。当然，当时市场上的同类产品基本上都是这种包装风格，月饼品牌方也愿意买账，

> **术很杂，道极简。**
>
> ——快车道"买点"方法论金句

这种设计在当年也值个七八千元，卖得还挺好。

那个时候的消费者，对月饼产品包装的要求是，只要能体现中秋节的喜庆意蕴和热闹劲儿就行了。以现在的眼光来看，那时候的月饼包装差异很小，但至少一看便知道是"节庆产品"。土是土了点儿，给人的感觉是很喜庆的，谈不上什么创意，但也没啥大错。

由于移动互联网的普及和社会审美的进步，人们的审美眼光和多样性要求前所未有地提高了，反映到食品包装这个领域，消费者对包装的概念主题、画面元素、色彩、尺寸乃至小文案等都提出了更高和更多样化的要求。

快车道品牌咨询有一个比较深刻的体会，那就是由于2008年北京奥运会和2010年上海世博会这两个大型的国际性活动的召开，中国民众的审美水平一夜之间提升了至少30年。正是由于这种空前扩大的市场需求，从事设计行业的人越来越多，专业从事设计、策划和咨询业务的公司也遍地开花。

另外一方面，"网红"现象的出现也在很大程度上引领了部分消费者的产品功能需求和审美需求。产品的包装，作为一种行走的"广告牌"，自然也越来越受到品牌方的重视。

最终的问题是：乙方公司做设计到底是给谁做的？最简单粗暴的回答是：谁买单，就是给谁做。

产品归根结底还是需要让消费者买单，消费者吃这一套才有最终的意义，设计最终是为消费者而做的。

因此，包装设计一定要从消费者的买点出发，真正洞察他们为什么而买，并注意以下几条"设计守则"：

（1）包装设计的表达要尽量直接，不要绕弯子；

（2）包装要让消费者觉得你的产品好，而且是真的好；

（3）包装就是产品，甚至有时候比产品本身更重要；

（4）品牌方要用对产品的重视程度，来高度重视包装；

（5）礼品包装一定要有"重量"，这个"重量"可以是质量，可以是文化，可以是心意；

（6）任何商业设计的目的都是服务消费者，包装设计要避免"自嗨"（意为自娱自乐）；

（7）不要高估了消费者的品位，同时设计者自身的品位绝不能低于消费者的品位；

（8）在包装设计差不多、尺寸大小差不多的时候，哪个包装上的食物图片更大，消费者就更愿意选择哪一个。

# 二、好的包装自己会说话

这是一个争夺关注的时代，每个品牌方都希望能够吸引消费者的眼球，并努力让关注持续的时间长一些。因此，如果能在缤纷的视觉刺激下被消费者看到，是至关重要的第一步。

有不少品牌方总是忍不住向消费者传递尽量多的信息，所以会出现把一则广告页面，无论是纸质媒介还是电子媒介，设计成一张"报纸"的现象，字很多，信息量很大，结果却因为"失焦"而无法直截了当地传达消费者买点。

## 1. 快车道品牌视觉设计三要素

（1）那里有一张很特别的画！

（2）卖什么的？

（3）谁家的？

> 让消费者在人群中，
> 多看你一眼。
>
> ——快车道"买点"方法论金句

"那里有一张很特别的画！"于是受众的注意力被吸引过来了。然后呢？"卖什么的？"定睛一看，"原来是卖月饼的。"再问："是谁家的月饼？"

要么文字信息醒目，要么画面信息靓丽，倘若文字和画面有任何不明确或复杂，消费者很可能一眼不眨地快速转移关注，并且不再回来。

你是什么产品？你是什么品牌？一定要简单直接，一点弯子都不要绕，企图在一个广告页面中呈现大量内容，必将徒劳无功。

为什么有的包装能够瞬间抓住消费者的注意力，并且让消费者感觉爱不释手？为什么同一个产品有时候只是换了个包装，就能卖出更高的价格，而且销量增长不少？

因为包装可以直观地表现和传达消费者买点，因为包装可以提升产品的附加值，因为包装本身也是产品的一部分。优秀的品牌，都有一个"会说话"的包装。

以快车道品牌咨询的买点方法论来看，产品包装并不仅仅是一张附着在产品之外的皮，其本质其实是一个可以引爆消费者的积极情绪和动机的"信息炸药包"。

### 2．需要被重视的消费场景思维

什么是包装会说话？就是消费者能通过包装上展示的内容精准地获取他想要的信息，如同促销导购人员在场一般。

在每一个超市当中，货架上的产品都称得上琳琅满目。只要把有特色的包装摆上货架，产品就能自己说话，和消费者快

> 什么是包装会说话？
> 就是让消费者从包装上一眼看见
> 导购想说的话。
>
> ——快车道"买点"方法论金句

速建立联系，自己把自己卖出去。

在每一条商业街上，店铺都可谓鳞次栉比。有特色的店铺"自己会说话"。消费者会被有特色的店铺吸引，不由自主地走进去看看，这就是无形的吸引力。

不论处在什么样的消费场景中，消费者都会找寻与自己有关联的信息。因此，包装的画面一定要简洁，文字信息要直截了当，直达消费者买点。

### 3. 手提袋是移动的广告位

早些年，很多品牌方制作的手提袋就是简单地印上几张产品相关图片，或者是直接把产品包装印上去。其实这种做法是极大的资源浪费，浪费了一个非常有潜力的"移动广告位"。

就食品行业的当前情况来看，手提袋除了满足"装东西"的需求，更大的潜力是，消费者会拎着它到处走。如果你家的手提袋好用且好看，消费者就愿意长时间使用它，那它就有机会覆盖到非常广泛的范围和多种场景，这是品牌和产品露出的大好机会。

**手提袋就是移动广告位。**

——快车道"买点"方法论金句

很可惜的是，这个大好的品牌和产品露出机会，大多数品牌方至今还没有注意到。

品牌方应该认真找寻低成本传播的宣传载体。比如手提袋就再合适不过了。消费者可能携带你家的手提袋出现在城市的任意一个角落，不分时间和场合，这是一种不可抵挡的侵入式的视觉宣传。

比如，每一个坐高铁离开桂林的乘客，几乎在每节车厢都能看到有人拎着金顺昌的"桂林桂花伴手礼"手提袋。面对这样大密度、高频度的视觉冲击，目击者自然会默认这是个大品牌。潜在的消费者不免在内心嘀咕起来："怎么大家都买这个啊？"这就是一种线下"种草"。通过这个手提袋，金顺昌的品牌信息就以一种自然且高效、低成本的方式扩散到了全国各地。不妨想象一下，桂林每天会有多少趟这样的高铁离开，驶向全国各地。这样的裂变式广告的传播效果是不言而喻的。

快车道品牌咨询的同事每次去贵州调研，总能在餐厅、商场和大街上遇见不少人拎着印着"现场灌，新鲜吃"字样的惠诚滋知泡芙手提袋，这也是同样的道理。

快车道品牌咨询作为一家乙方机构，真心建议品牌方不要将手提袋的设计和制作计入"产品包装"成本，而将其划归"广

金顺昌桂林桂花伴手礼手提袋

告宣传费"，这是真正站在营销的角度思考问题。和其他广告投放方式相比，手提袋这种宣传渠道是成本非常低、非常容易执行的。

综上所述，快车道品牌咨询认为，手提袋是移动的广告位，是成本最低、效果最直接的广告方式，品牌方要从功能应用思维升级到品牌宣传思维。

# 三、什么是抄袭，什么是平移

什么样的设计是抄袭？什么样的设计是平移？

我先来说说快车道品牌咨询的设计是"为什么而做"以及是"怎么做"的。

包装设计行业发展至今，经历了好几个不同的阶段，但不论哪个阶段，快车道品牌咨询提供设计服务的初衷都是为了给品牌方创造品牌价值和销售利润。

快车道品牌咨询提交的设计，并不是凭空创造出"这个世界上不存在"的东西，而是根据人类已有的常识和认知，结合品牌方的文化属性、品牌基因，从颜色、材质、形状等诸多细节去推敲策略和设计表达。我们的设计不是生涩的、奇怪的设计，不是看上去很有创意却经不起推敲的毫无来由的设计。

商业设计对于品牌方来说，要好做、好卖。

商业设计对于消费者来说，要好看、好用。

> **商业设计对于品牌方来说，**
> **要好做、好卖。**
> **商业设计对于消费者来说，**
> **要好看、好用。**
>
> ——快车道"买点"方法论金句

设计师做设计不能闭门造车，要认真细致地去研究客户的消费者和客户所在的行业，分析产品背后的逻辑，不能局限于产品已经呈现出来的样子。这是一个认真理解和消化，然后据此再创作的过程。

快车道品牌咨询经过二十多年的摸索和实践，将一次完整的设计作业流程简化提炼为三个步骤：洞察、观点、创意。

（1）洞察。在洞察市场、洞察消费者的过程中，找到品牌方所面临的问题，并通过调查研究来尝试理解和厘清问题。就设计作业而言，这个过程往往是处在搜集原始素材的阶段。

（2）观点。通过对问题的深入研究提出针对性的观点。这个研究的过程可以为设计作业提供一些更具针对性和更加精练的素材，为下一步的创意提供依据。

（3）创意。大多数"套路化"的设计都是因为没有经过前两个至为关键的步骤就直接切入创意环节。快车道品牌咨询的设计之所以敢说不是庸常的"套路化"设计，而是能够为品牌方创造价值的设计，原因就在于我们会认真地做好前两个步

中之杰品牌包装

骤的工作，再创造性地提出构想并加以精炼，最后通过设计手段呈现出来，并将设计成果提交给市场去验证和更新迭代。

比如，快车道品牌咨询为长春中之杰食品做的新年设计，灵感来源于某国际知名品牌的节庆烟火。将时尚品牌的设计元素跨界到食品品牌，而消费者也愿意买单，原因是他们对作品的整体风格和气质的认同。

中之杰的品牌基因、文化属性中本身就带有时尚和向往高品质生活的元素。将新年的霓虹灯、色彩、线条、氛围等应用到食品的包装设计和工艺上，同样能传达出价值感和现代感。将西式元素加以转化之后用到中式节庆食品的包装设计当中，不但一点都不违和，而且还让中之杰的品牌形象在同类产品中看起来十分亮眼。

与此同时，借鉴绝不能只是简单的表象上的借鉴，而应当是深刻剖析甚至运用其他领域的手法、思想进行重新创意之后的借鉴，这种跨界性质的借鉴，我们称其为"平移"。

再举一例。在四川金贝儿食品有限公司中秋产品系列设计中，我们从影视娱乐节目中提取新科技、新工艺素材，以

金贝儿月饼宣传海报

> 只取形，就是抄袭。
> 触及到了灵魂，才是平移。
>
> ——快车道"买点"方法论金句

C4D 建模的方式将相对小众的科技视觉（诸如激光、灯光等）呈现出类似琉璃的质感，以传达金贝儿食品年轻、多元、表现力强的气质。

设计师如果只止步于素材的搜集和搬运，不花时间和精力去解构和分析，或者转化和再创作的能力不够，就很容易变成"抄袭"。

只取素材的形，就是抄袭。触及素材的灵魂，才能平移。

设计，也是在表达一种立场。有灵魂才能有立场，没有灵魂的设计，是立不住的。

另外，快车道品牌咨询这些年来积累了上万个拥有知识产权的创作原型，我们本身就是原创者，自然也非常尊重其他原创。

# 四、礼，一定要"重"

我们常常说"礼轻情意重"，但其实前面那半句"千里送鹅毛"也非常重要。因为是"千里"之外送的，才能礼轻情意重。如果没有"千里"的距离，鹅毛是不可能成为"重礼"的。重的不是鹅毛，是远在"千里"之外的这份情意。这份情意要重。

那么，怎样才能体现出礼物的"情意重"呢？

首先，礼品包装设计要用心、要精致，要让消费者打开包装的时候感到很强的仪式感。从色彩、材质、形式、开箱体验感等方面来开展设计。开箱体验很重要，这也是为什么很多"开箱视频"能够广为传播的原因。打开产品包装的那个瞬间，消费者能够最直接地体验到品牌方的意图和用心，每一个巧思和想法都在包装中体现。

快车道品牌咨询为杭州姚生记食品有限公司的"香榧"设计的礼盒包装，从品牌自身理念出发，从香榧子这个产品本身的元素提取色彩，以牌匾的形式呈现姚生记的古法工艺和时光雕琢感，结合当下审美与产品自身气质，传达了稀缺、原生、匠心和温度。

香榧礼盒采用了简洁的"木盒子＋纸封套"设计，参考火漆章样式，用一枚精致的金属标牌烙在表面作为连接。盒盖打开之前，消费者的期待感已被拉满。

姚生记香榧礼盒

盒子打开，可见一宗卷轴，浓郁的文化气息扑面而来。坚果和卷轴两件看似毫不相干的东西置于同一方空间，意蕴深长，仪式感满满的同时让人禁不住进一步探究。这正是产品和文化自然融合产生的奇效，而坚果以小罐盛载，也充分凸显了产品的珍稀感。

在姚生记的另外一个产品系列的包装中，我们采用了立体贺卡的形式，让原本很平淡的视觉元素和表达立刻变得层次丰富且有趣。让消费者打开包装的时候，忍不住"哇"出一声惊喜。这样的设计才是一份"重"礼该有的样子。销售数据的反馈，也充分印证了这样的包装确实非常打动人心。

从开箱那一刻开始，消费者已经进入欣赏礼物的情境，良好的包装设计能够有效提升产品美誉度，增强品牌的黏性，进而积累品牌资产。

# 五、形象代言是
# 承载品牌文化的符号

快车道品牌咨询提出的文化符号，是从企业的文化属性、品牌基因中提炼出来的，是为品牌资产积累加分的。

形象代言人是文化符号的一种表现形式，必须是有根基的，是从品牌文化沉淀中来的，不能是为了代言而代言。花重金聘请一位当红明星就是形象代言人吗？画个可爱的小人儿就能胜任卡通形象代言人吗？当然不会这么简单。

快车道品牌咨询主张：寻找并打造品牌方独有的代言人。我们为品牌方打造的形象代言人，具有以下几个特点：

（1）接地气，有温度；

（2）可落地，易执行；

（3）不受外界环境变化的制约。

## 1. 维吉达尼品牌代言人马木提老人

在服务维吉达尼的过程中，我们精心选择了已被大众广为接受、具备足够视觉冲击力的新疆元素：捧着杏干的维吾尔族

维吉达尼"差的果实不给"宣传海报

老农马木提老人、新疆风情显著的艾特莱斯纹织物以及能歌善舞的新疆姑娘等。这些符号化的元素与消费者对当地文化的认知非常吻合，说服力充分，有效塑造了维吉达尼值得信赖的品牌调性。

决定选择用马木提老人作为维吉达尼的形象代言人，就意味着每一个产品包装上都会印上他的照片。我们开玩笑地对他说："如果你的东西做得好，那全世界的人都会知道你。如果你的东西不好，别人会说，这个老家伙骗人！"他认真地回答："不怕不怕，差的果实不给！"

差的果实不给，给消费者的，都是好东西。

马木提老人真实、接地气的形象，把维吉达尼品牌"有故事、有温度"的理念准确地传递给消费者。

### 2. 长春迪莉娅食品形象代言人杰罗姆·布鲁南

在中秋节这个特殊的节点，小企业只有做差异性的产品，才能脱颖而出。多年从事西式烘焙连锁食品经营的长春迪莉娅食品有限公司拥有西式基因，如何研发并推出一款与这种基因相匹配且被消费者接受的产品呢？

2014年，正值中法建交50周年，国家也在大力倡导振兴东北老工业基地，又正逢欧洲经济下滑、世界顶级烘焙西点大师杰罗姆·布鲁南先生与法国总统府的工作合约到期。天时地利人和，快车道品牌咨询公司建议迪莉娅食品有限公司将杰罗姆·布鲁南先生聘为首席产品官，为迪莉娅代言，不仅大大提升了公司的产品品质和品牌形象，还顺应了当年中法文化频繁交流的热潮。

杰罗姆·布鲁南先生到任之后，不仅欣然将毕生所学传授给中国的西点师，还先后为多家四星级以上酒店培训行政总厨。

"法国皇室，中国中秋"，布鲁南先生为迪莉娅研发并代言的法式月饼一经上市，立刻风靡全国。自此之后，全国各地同行争相邀请布鲁南先生为其法式产品代言。

迪莉娅食品形象代言人布鲁南

2015年，考虑到迪莉娅公司法式月饼的超强影响力和同行争相效仿，我们又从策略上指导迪莉娅升级了产品。这次我们邀请法国红酒大师联手杰罗姆·布鲁南先生研发并推出法式红酒月饼并为之代言。此后再次升级产品时，我们推出了玫瑰馅法式月饼，命名为"法兰西玫瑰"。

### 3．广州酒家的大师们

寻找代言人的过程很有意思。一般来说，邀请当红明星代言是很多品牌方的惯性思维。通常做法是，品牌方拿出一千万元预算，在一个并不长的明星名单里选兵选将。2013年的时候，自称"广式月饼"的品牌太多了，作为其中之一如何让自己成为广式月饼的代表推而广之并让消费者相信呢？应该请谁来代言呢？

广州酒家拥有多位国家特一级厨师评委和六代国宝级点心大师，其中还包括粤菜传人，这些大师多次作为国家级团队成

广州酒家请自家的厨师代言

员出访国外，亮相国际舞台。全中国的厨师总数不知有多少，但只有这样的大师才可以穿上绣有国旗的厨师服，这在当时是至高的荣耀。

用自家的大师为广州酒家代言，不仅有创意，还很容易被消费者记住，而且不用花钱，同时还能提升企业员工的认同感、自豪感和荣誉感，更能让消费者产生亲近感。

12名身怀不同广式点心制作绝技的大师，穿上时尚而专业的厨师服，由当红杂志的首席摄影师拍摄宣传照。这组照片出街之后，引起整个行业的轰动，随后频频被其他大品牌模仿，掀起一股"大师代言潮"。从此以后，广州酒家每年的产品发布会都是由自家人登台亮相，亲自向外界展示自己引以为傲的产品。

### 4．惠诚滋知江湖饼行的代言人哪吒

在前面的章节中，我们提到过惠诚滋知这个品牌，它的基因中天然带有"聚全世界的好，让好吃更好吃"，它的产品是来自"五湖四海的超级点心"。

我们都知道，"江湖"在中国文化中有多重含义。本义是指广阔的江河、湖泊，后衍生出"天下"的意思，再后来，泛指古时不受强权控制指挥约束的社会环境。店铺取名为"惠诚江湖饼行"，彰显了"现代国潮、年轻张扬"的调性风格，传递了自由、不羁、敢闯、无畏、义气的文化态度。

"有人的地方就是江湖""千帆过尽，归来仍是少年""我命由我不由天，活出自己的样子"，这些都是江湖饼行的文化

惠诚江湖饼行代言形象——哪吒

态度，我们从中抓取了"自我主张、我敢我想我创"的关键词。那么，与这些关键词匹配和吻合，能代表现代国潮、年轻张扬又广为人知的形象，是谁呢？

大家已经达成共识的、广为人知的代言形象才能做到低成本、可落地。

基础原型锁定在"哪吒"。齐刘海丸子头、脚踩风火轮、手挽混天绫，出现在惠诚江湖饼行各款产品的包装上，让消费者一眼就能明白产品和品牌的气质。

### 5. 上海来伊份新鲜零食的芒果王子

为了打造一款亿元级销售明星产品，如果能找到一位气质、形象都与来伊份新鲜零食匹配的形象代言人，无疑会事半功倍。但是，要想"匹配"谈何容易呢？

产品是"1号金芒"，"1号"意味着品质顶级。热带、

来伊份芒果肉代言形象——芒果王子

天然、阳光……一个头戴用植物编织成的皇冠、长着芒果脸的精灵已经浮现在快车道创意团队的脑海中。我们把这个精灵命名为"芒果王子"，让他出任来伊份芒果肉的形象代言人。这个精灵的形象几乎占满产品包装和宣传主形象的整个画面。

找对形象代言人很重要。当年，我们将云南潘祥记糕点定位为"立足云南，走向全国"，发展方向是成为滇式食品的第一品牌。谁才是云南、中国乃至全世界范围内的"滇式"代表？舞蹈家杨丽萍是首选，而且几乎是唯一选项。从此潘祥记开始了与杨丽萍长达近二十年的合作。

# 六、国潮这波热点应该怎么追

文化兴，国运兴。

文化强，民族强。

"国潮"之兴起，背后是民族文化自信。

## 1. 重新定义新国潮中点，探索中点3.0时代

国潮风从时尚圈吹向了各个领域，食品烘焙行业也不例外。新烘焙品牌乘着国潮风，走进年轻人的视野。与此同时，各成熟烘焙品牌也开始积极求变，新中式烘焙赛道变得异常热闹，仿佛不开个中点店都不好意思聊天了。

> 山＋水＋房子＋鲜艳的色彩＋
> 街边的打印社，就是国潮？
> 不是，肯定不是！
>
> ——快车道"买点"方法论金句

> 不能只有国潮的壳，
> 更要立品牌的魂。
>
> ——快车道"买点"方法论金句

国潮点心，全面开局，中式点心的传承与迭代全面展开。随着以墨茉点心局、虎头局渣打饼行为代表的国潮点心铺的崛起，行业迅速跟风模仿，品牌视觉差异性减弱，同质化极其严重。

品牌如何在环境的快速变化之中建立品牌势能？如何在潮流中寻找文化之根？如何通过品牌化发展塑造独特个性？

不能只有国潮的壳，更要立品牌的魂。

快车道品牌咨询自创立至今的 25 年间，我们与诸多处于不同发展阶段的品牌方一起探讨和实战。单就国潮趋势下的新中点品牌打造而言，快车道有幸与惠诚滋知、金贝儿等行业企业合作，一起从 0 到 1 直接切入国潮新中点 3.0 赛道。以惠诚江湖饼行为例，快车道项目组仅用十个工作日，就完成了从战略方向到创意落地的全案执行。

惠诚滋知是西南地区知名的烘焙连锁品牌，目前拥有 200 余家门店，分布于贵州、重庆两地。自合作以来，快车道品牌咨询为惠诚首创了酒香系列产品：酒香肉粽、酒香流心月饼、酒香流心汤圆等，完成诸多明星大单品（群）的打造，包括日销一万多盒的老婆饼、日销一万多盒的现灌泡芙、日销五万多碗的惠诚冰粥等。

面对新中点行业新的细分突围赛道不断涌现的现实，惠诚滋知一直在思考如何进一步发展壮大。

在短短三日之内，快车道与惠诚滋知两方高频高效展开创意探讨，最终明确了战略方向：重新定义新国潮中点，探索中点 3.0 时代。

经过市场调研之后，项目组深入洞察，明确目标，进一步思考如下问题：国潮新中点赛道中的高阶玩家是怎样的？为什么这些品牌深受年轻消费群体追捧？国潮新中点的未来前景是什么？惠诚滋知应当如何差异化市场？

思考之后，快车道品牌咨询明确了以下两个重点：第一，惠诚新中点作为"搅局者"和创新者，不要做千篇一律的国潮品牌，要做有品牌主题、有民族文化内涵，更有独特个性的品牌；第二，要从品牌个性、包装视觉、文案内容、场景营造等维度全面落实国潮，差异化同类品牌。

品牌战略的第一步是从 0 到 1 建立品牌记忆。

第一，创意一个能降低交易成本的专属性品牌名称。名称就是最大的战略，新品牌战略要从新名称开始。命名的第一原则是降低成本，包括理解成本、记忆成本、传播成本等。命名的时候要考虑的是，是否能降低消费者的选择成本，是否能将品牌的价值昭示出来。

快车道项目组首先从盘点品牌基础框架开始，深挖贵阳当地的年轻文化、休闲文化，不断深化概念，展开品牌命名思考：惠诚滋知二十多年来沉淀了良好的口碑，品牌口号是"聚全世界的好，让好吃更好吃"，重复"好"是必然选择。东饼西行，产品创新，多元不拘束，这是鲜明的产品基因。品牌文化需要传递现代国潮、年轻张扬、个性自由、不羁、敢闯、无畏、义气……通过洞察消费者，我们发现他们敢想、敢造、敢不同。江湖，借力大家熟知的江湖文化，强化记忆，同时契合年轻国潮文化。深化"行"的专属性特质，串联品牌资产。"饼行（hang）"从商号从记忆中来，"行（xing）"意为"都行都好"。最终命名为：惠诚江湖饼行。

作为门头，"饼行"具有品牌属性和购买价值，同时差异化市场上既有的"点心行""点心局"同类品牌，表达个性化、口语化，有利于降低传播成本和消费者的记忆成本。

第二，创意一句明确差异化的品牌传播语。从消费者的买点出发，主动沉浸到消费场景当中去思考：消费者为什么要购买？消费者买的是什么？除了满足味蕾的需求，还会借此会友并与潮流并肩。"我命由我不由天"表达了自由不羁的态度，也传递了呼朋唤友、意气相投、啸聚天下、有福同享的快乐。

快车道团队创意的沟通语"饼行四海，好吃开局"，既传达了惠诚汇聚五湖四海的好食材与好手艺的品牌初心，又宣示

惠诚滋知宣传语

了惠诚在口味、新鲜方面的严格要求。这是品牌对自己的要求，也是给消费者的明确保证，更能构建品牌壁垒。

第三，打造一个品牌形象代言人。如何匹配合适的品牌形象代言人？品牌形象代言人应当是一位众所周知的公众人物还是卡通形象？抑或是一个具备高识别度的视觉符号？

新中点 3.0 品牌形象代言人，需要具备一定的文化和情感价值，既能激发目标群体的情感共鸣和行为互动，还要引发与品牌相关的正向联想。只有满足了这些条件，才是一个合格的品牌代言形象，并非所有看起来有点"可爱"的卡通形象都可以承担品牌代言职责。

在品牌视觉的设计环节上，需要遵循传统与新派相碰撞、个性与文化相融合的原则，最终呈现与惠诚的品牌调性相吻合的差异性国潮，以定义新中点 3.0 时代。这时需要思考以下四点：什么样的形象能代表惠诚江湖饼行？能传递国潮精神？能与年轻消费群体对话？需要具备哪些特征？

根据战略，快车道制定了惠诚江湖饼行形象代言人创作的六大基础原则：

（1）广为人知：人人都认识、熟悉，有文化原型，是流量符号；

（2）含义清晰：不用二次翻译就可以明白；

（3）话题标签：有个性，容易被目标群体描述、谈论及传播；

（4）差异化：区别于其他品牌，能够与品牌名组合，互相强化；

惠诚江湖饼行包装样式

（5）使用规模：低成本，方便品牌门店宣传应用；

（6）视觉冲击力：容易被发现、被识别，具有惊鸿一瞥的视觉识别度。

最终，我们找到了"哪吒"这个原型，以哪吒所承载的"我命由我不由天"精神和"江湖"文化为基础开展二次创作，哪吒身上与生俱来的狂放不羁、自由感、热闹氛围也符合惠诚品牌的定位。

通过插画形式打造的这款品牌形象代言人，不仅堪称国潮颜值担当，还能帮助惠诚品牌更好地讲故事。

### 2. "一样又不一样"的国潮新中点

四川金贝儿食品成立于 1992 年，目前拥有一家全资子公司和近百家分店，资产总值超两亿元。

2022 年，为了追求聚力效应和创新求变，金贝儿在四川广元供销社旧址开设了第一家集产品、文化、时尚于一体的国潮中点店。经过多次探讨，快车道品牌咨询与金贝儿明确了最新战略方向：传承巴蜀经典文化，创新且差异化市场，讲好文化故事，重新定义新国潮中点主题店，探索中点 3.0 时代，为消费者打造味觉与视觉的美好体验。

关于国潮主题店，快车道品牌咨询近几年有很多研究与思考，多次到外地进行市场调研。

"宫原眼科，不是病房，是吃货天堂。"台湾日出集团旗下的宫原眼科甜品店便是我们的研究对象之一，我们力图洞悉其背后的背后。

宫原眼科听上去像是一家诊所，但其实是一家甜品店。这处空间原来是日本眼科博士宫原武雄兴建的眼科诊所，后来由日出集团买下用来售卖食品。目前这里的产品命名、场景改造、品牌营销皆围绕诊所文化打造，被看做是台湾伴手礼的典范。

除了宫原眼科这家店，日出集团此后还连续打造了"日出·第四信用合作社""日出·旅人""日出·大地"等分店，构建了无法复制的品牌资产。

日出·台中市第四信用合作社（上），日出·宫原眼科（中），日出·旅人（下）

日出集团从溯源文化风

> **品牌竞争最终是文化的竞争。**
>
> ——快车道"买点"方法论金句

物的角度出发去打造品牌，值得行业同侪思考与学习。

基于对日出集团宫原眼科甜品店这一类行业标杆案例的研究，快车道品牌咨询认为，品牌竞争的背后一定是文化的竞争。

回到金贝儿案例本身，我们应当如何定制金贝儿中点店专属方案？如何与消费者建立共鸣？

快车道品牌咨询首先明确了一个战略性思路：不跟随市场上既有的国潮调性，要做有品牌主题、有巴蜀文化内涵的品牌。金贝儿将从品牌故事、品牌系统、物料载体等宣传内容打造一个连通消费场景、深挖文化根基、差异化市场的国潮品牌，寻求年轻消费群体的共鸣。

任何营销命题，都可以回到品牌的根源逻辑去思考，而品牌名称的创意又可以从品牌基因、区域文化、目标群体等多角度展开思考。

（1）供销社。"供销社"是历史的见证者，是计划经济时代的零售代名词，在"买啥都用票"的年代，老百姓需要的几乎任何商品都只能去供销社购买。供销社就是上一辈人心中的"购物中心"，是生活富足、衣食无忧的代名词，承载了20世纪50年代至90年代期间两三代人的购物记忆。

　　站在如今这个时点，回望并不遥远的过去，供销社留给我们的一般印象是：货真价实、童叟无欺、凭票供应、文明经营等。

　　金贝儿中点品牌将通过借力"供销社文化"，打造专属巴蜀人的国潮点心体验店。

　　（2）品牌基因。金贝儿食品自创立以来在消费者当中积累了大量好口碑，从烘焙产品到节日礼品，再到创新饮品，不断拓宽产品品类，不断落实"集好物，做巴蜀好物"的品牌战略。

　　（3）品牌文化。巴蜀文化之下的现代国潮：复古与时尚、温度与记忆、个性与多元、味道与故事。

　　（4）消费者洞察。根据巴蜀年轻群体的日常休闲，不难发现他们追求生活品质，追求能够展现自信、时尚潮流、丰富多元的消费体验。

　　基于以上四个方面的考虑，我们将金贝儿食品的新中点 3.0 品牌命名为"金贝儿点心供销社"。这个名称占位"供销社"文化原型，让金贝儿点心供销社在初创之时就拥有文化与国潮两种能量，同时与"××点心行""××点心局"等同类品牌形成区隔。在传播的层面，这个名称足够口语、直接，画面

金贝儿点心供销社宣传设计

感够强，可以有效降低传播成本。

从"快车道买点方法论"出发，回到消费场景中洞察、思考消费者需求。所谓品牌沟通语就是以品牌的立场与消费者对话，既表明了品牌的主张，同时也传达了品牌的态度。

文化自信，本质是社会群体的深层次文化认同。深挖品牌自身的文化底蕴，寻找消费者的文化认同，这是品牌构建工作的两大核心要件。在沟通语的创作过程中，快车道品牌咨询正是循着供销社文化找到了创意原点。

广元供销社，承载着几代巴蜀人的文化印记；金贝儿点心供销社，味道与记忆连接，时尚和复古重逢。金贝儿"继承"供销社的经营理念"用心供销，食必求真"，在再现经典的同时，打破旧时代的窠臼，寻找新时代的灵感，创新研发，为顾客提供高品质的味觉与视觉体验。

"用心供销，食必求真"，一看就明白，一听就记住，耳熟能详，同时兼具差异化与专属性。快车道品牌咨询为金贝儿点心供销社创作的沟通语，既满足了低成本、易传播的基本要求，也能充分传达金贝儿品牌的气质和文化。

如何让消费者形成对品牌的统一认知？答案是品牌视觉资产的系统化。符合金贝儿点心供销社品牌调性的视觉资产，相

金贝儿点心供销社沟通语

结合巴蜀特色与中点文化符号创作的 logo 组合

应的视觉创意和设计传达必须最大限度地展现品牌系统并最大限度地强化消费者对品牌的认知和记忆。

换句话说，金贝儿点心供销社的视觉创意和设计传达必须包含以下几个关键词：文化、巴蜀、中式、时尚、有温度。

### 3．巴蜀特色 × 中点文化符号

品牌的符号创意根源于巴蜀文化与中点手作文化，以日常图腾和文字为基础元素进行组合与再设计，创作辅助图形、基础字形以及 logo 组合。

这些品牌符号配合金贝儿点心供销社的经营法则、购买理由、品牌文化故事等，以一种更具一致性和立体性的方式共同传递供销社的新国潮调性。

### 4．色彩识别 × 文化的潮流表现

将复古橙色、雅致金色、怀旧米色等作为品牌基础色，融入当代时尚元素，将最新潮流和复古韵味结合起来，创作具备强烈视觉冲击力的视觉系统，让消费者一目了然。

品牌用色来源

### 5. 品牌形象×人格化形象代言人

金贝儿点心供销社的形象代言人应该如何打造呢？

一个头顶川剧财神帽、脚踩潮牌运动鞋、架着时尚墨镜、骑着充满时代感的"二八大杠"自行车的年轻人形象，串起了"现在"和"过去"，在深度契合国潮审美潮流的同时，通过产品包装和宣传继续延伸品牌与消费者之间的对话，因此得到了极高的社会认同。

形象代言人打造出来之后，还要通过门店的不同场景区域和不同终端物料的呈现来释放品牌诱惑，让物料替品牌发声。

（1）文化墙：精准输出品牌文化。作为品牌硬件布置的最佳窗口，文化墙直接关系到品牌实力的展示：对内可以潜移

金贝儿点心供销社的文化墙

金贝儿手袋

默化地传达品牌文化,对外能够影响消费者对品牌的第一印象。

金贝儿点心供销社的文化墙,同时展示了品牌故事、企业核心理念和发展目标,让消费者能够直观且充分地感受品牌的经营理念。

(2)手袋:品牌宣传助手。作为一种移动的品牌宣传载体,品牌手袋广告属性强、传播速度快、覆盖面广。金贝儿应该如何利用好这一宣传载体呢?

结合统一的品牌视觉识别系统,显眼的买点文字及明亮的碰撞色彩,给人带来强烈的视觉冲击。"巴适"二字更是充分展现了金贝儿品牌的区域专属性。

金贝儿门店设计应用

金贝儿品牌应用

（3）门店：提升门店场景化体验。门店空间设计着意营造供销社的复古文化与国潮场景，综合运用产品买点、形象代言人营造兼具文化感与时尚感的场景和氛围，提升顾客的体验和互动。

（4）包装：代表品牌对话消费者。产品包装的功用并不止于保护产品，还包括与消费者互动。我们在简约风格的透明包装上增添一些醒目的贴纸，这些贴纸沿用品牌的醒目色彩，同时放大展示品牌核心买点，让消费者同步识别品牌及产品信息。

只有抓住了文化的"魂"，国潮才能一直"潮"下去。品牌如果止步于从浅层迎合或者模仿一些流行噱头，偶尔刷一下存在感是远远不够的，必须真正扎根文化深处，才能获得长久的生命力。除了充分挖掘文化的深度，还有一个不能忽视的关键，就是产品的品质。

# 七、logo 丑不丑，真的重要吗

2018 年，提倡终身学习的"得到"App 换了一个 logo，随即引发各方猛烈吐槽，就连"得到"公司内部也争议不断。网络上的声音可分为泾渭分明的两派：喜欢，因为醒目；不喜欢，因为丑。

这起沸沸扬扬的网络纷争，颇具娱乐性和传播性。快车道品牌咨询认为，"得到"的新 logo 不管丑不丑，从结果来看，改得好。况且，从新版 logo 最初上线到现在，你还觉得它丑吗？

· "为什么用猫头鹰？学习就要熬鹰啊，all in 啊。"

· "我们还是以内容取胜吧，审美没那么重要啦。"

· "你们还没看到这个 logo 的第一版呢，还带毛的，现在至少是把毛给'拔'了。"

· "这以后的艺术课还咋开？"

· "本来指望有个 logo 提携品牌的，现在只能靠品牌提携 logo 了。"

· "从新版 logo 上线到现在，过去一个星期了，现在看着丑萌丑萌的，也没什么不好。"

······

> 品牌的 logo，
> 在朋友圈九宫格缩小之后，
> 一定还要看得清楚。
>
> ——快车道"买点"方法论金句

这样一来二去，你还记得"得到"原来的 logo 是什么样的吗？好像不太想得起来了。如此好玩有趣，引发讨论并广为传播，也从侧面反映了罗振宇的这次营销挺成功的。

从长远来看，罗振宇是在"下一盘棋"。罗胖曾经放出豪言："这个 logo 要用 100 年！"猫头鹰作为一个设计出来的符号，将成为"得到"的重要品牌资产。"得到"的品牌价值要更好地落地，就不能仅仅是推广"在天上飞的"知识，还要"以猫头鹰的名义"设计各种知识相关衍生品，拓展更多具备更大可能性的商业空间。

🔊 **张口道来**

**一屋子月饼盒的故事**

在成立之初，快车道公司就为自己做了一个精准的定位：成为一家专注于食品领域的广告公司。大概是在 1999—2000 年这个阶段，快车道公司的主营业务开始进一步聚焦到食品领域的节令产品版块，做中国节令食品的包装设计从此成为我们业务的重中之重。

单就节令食品而言，中秋节是其中一个非常重要的节点，因为从品牌方的角度来看，中秋月饼是一个利润相对更高的产品，也更愿意为此向乙方机构付钱。我们从中看到了未来的趋势。

快车道公司既然下决心进入这个市场，就要搜集大量的相关资料。那时的互联网不像现在这么发达，无法随时在网上找到各种资料和信息，更没有某东、某宝、某猫之类的电商平台。

为了更加准确地掌握各地的文化和消费者的喜好，不同月饼品牌的设计风格、特征以及包装用材、工艺和内配等，我们需要搜集大量的一手资料。

如何才能获得全国各地的月饼包装呢？最初的方法是，让全国各地的朋友帮忙购买一些比较漂亮的月饼礼盒，寄到深圳来。这就出现一个问题——成本极其高昂。当时公司刚刚起步，真是承受不起啊！

我在想，这些月饼包装会集中出现在什么地方呢？我到深圳各大高档小区，找到负责清洁的清洁工，跟他们说，月饼盒我要了，收集起来卖给我吧。大盒子十块一个，小盒子五块一个。

那时候，月饼最大的属性不是吃，多数是用来送礼的。我们收集到的月饼盒，有些甚至还没打开过，月饼原封不动地躺在里面。礼品嘛，大家都不敢吃。虽然没出现过在包装里捡到钱的事儿，但盒里配着酒、小工艺品、摆件、茶叶之类倒是经常碰到。

最高峰时期，在我们一套面积100多平方米的房子里，堆满了月饼盒，总数大概有几千个。有些盒子非常大，像中号旅行箱那么大。通过这个"收破烂"的办法，我们一下子解决了成本高的问题。

包装盒拿回来之后，我们分门别类、拍照建档，研究材质、工艺、设计风格，然后去摸索、打样。在短短一两个月时间之内，我们就研究出了自己的方法，并形成了快车道公司自己的风格。

2000年初，快车道公司在月饼包装行业已经崭露头角。在此之后，甚至有人说，每年的烘焙展上，如果不去快车道的展位观摩一下，你都不知道今年的月饼包装设计的流行趋势是什么。

这就是一屋子月饼盒的故事。

扫码领取
· 思维解读
· 营销课程
· 品牌案例
· 色彩报告

FOOD BRAND
CHIEF THINK TANK

# 6

第六章
买点之下的沟通语

什么是沟通语？

什么是广告语？

两者有何区别？

沟通语如何在触发消费的过程中发生作用？

沟通语是旨在直击消费者买点、解决消费者需求从而触发消费者购买行为的一句或几句话，且必须让消费者很容易记住并传播。

广告语是品牌的标语，旨在凸显品牌特征，传达品牌的主张和承诺，主要起到"宣传"品牌的作用。

两者的共同点是"希望被受众记住"，但也存在一个非常重大的区别：沟通语是从消费者买点出发的，而广告语大多是从品牌自身出发。

举个例子，方太"跨界三合一"水槽洗碗机的广告语突出了这款产品的特点——"跨界"和"三合一"。这个特点与消费者利益并无直接关联，而这款洗碗机的沟通语"岂止会洗碗，还能去果蔬农残"则从消费者买点出发，满足了消费者不仅要解放双手、把碗洗干净，还要能清洗蔬果农残的需求。这些需求具体而直接，非常容易引发消费者共鸣，进而引发购买。

# 一、沟通语有哪些类型

从文字呈现形式出发，快车道品牌咨询将沟通语简单分为四种类型：客观陈述型、适当比喻型、节日型和朗朗上口型。

快车道品牌咨询对沟通语创意有一条"评判"准则：以客观陈述为主，以场景描述、恰当比喻为辅，节庆气氛应自然流露而不刻意追求，并且要朗朗上口。

快车道开展沟通语创作都是老老实实从消费者买点出发，真真切切地洞察核心需求，所以客观陈述的方式是我们比较常用的方法。比如，"差的果实不给""每一分钱都花在好吃上""只吃汤圆不吃胶""前槽后鞧肉，一根好红肠""加州原野厚西梅，厚的超好吃""臻味小产区杂粮，每一粒都不一样""陈皮比五仁贵很多"等，都是非常客观的描述，消费者一看就懂。场景描述是给消费者设定一个特殊情境，例如"现场灌，新鲜吃"，这句沟通语描述了一个动态的场景，让消费者获得清晰的画面感，内心产生憧憬，希望去买泡芙的时候能看到到底怎么灌的，而"现场吃"同样是一个值得期待的场景和状态。

如果想到了特别贴切的比喻，可以适当使用，也可以采用夸张手法，需要拿捏好尺度，因为过度夸张会降低可信度。比如，"鲜果轻——咬一口，像吃了一棵芒果树"，就将品牌方的芒果果汁充沛、口感新鲜及其带给消费者的满足感表现得淋沟通语必须朗朗上口，因为朗朗上口的沟通语才容易被受众记住并引发传播。

——快车道"买点"方法论金句

漓尽致又恰如其分。

如果需要推广的是一种节令性产品，那产品本身就自带气氛。月圆人圆、粽情粽意、蒸蒸日上、盛世佳礼……这些都是放之四海而皆准的套路化沟通语，大方得体无公害，但缺乏个性。

品牌方更需要的是量身订制的沟通语。"中之杰肉粽，好运传送"就是在"港式靓肉粽，实在好有料""XO酱山黑猪肉粽，笨D好有料"都已深入消费者人心的基础之上，顺势而为推出的升级版，洋溢着节日的好兆头。

快车道认为，沟通语必须朗朗上口，因为朗朗上口的沟通语才容易被受众记住并引发传播。"正月十五节节高，中之杰的炸元宵"，这个沟通语的传播效果就很棒。另外，广州缘喜来喜饼的"缘来喜来幸福来"，乍一看很像绕口令，但稍一细品，字意和寓意都很到位。朗朗上口的沟通语，应当是读起来有种顺畅感，读一遍不够，还想再读几遍，停不下来。

# 二、沟通语是怎么设计出来的

## 1．洞察消费者核心需求

我们设想一下这样的场景：

> 如果你在菜场卖辣椒，有消费者问："这辣椒辣不辣？"你怎么回答？辣。那万一他想买不辣的呢？不辣。那万一他想买辣的呢？这时候其实应该先问他："你是想买辣的还是不辣的？"
>
> 确定了消费想买的是辣的还是不辣的之后，再告诉他，这一堆是辣的，那一堆是不辣的，请选择。

洞察消费者的核心需求，可以减少沟通成本，提高成交效率。当然，消费者需要购买的商品千千万，哪怕单说买辣椒，消费者的需求也并不止于辣或者不辣，但道理是这个道理。

## 2．挖掘品牌方的产品基因

辣椒除了"辣与不辣"的口味维度之外，还有什么其他维度呢？大概地列举一下，还可以有口感维度（诸如脆的、软的、水分多的、晒干的、肉厚的）、健康维度（诸如富含维生素 E、高热量、高蛋白）、色彩维度（彩椒无疑是颜值党的首选，一道菜出锅摆盘的时候就意味着彩椒要大显身手了）等。

假如面对一家辣椒制品品牌方，快车道品牌咨询会朝各个方向深挖，包括但不限于：辣椒产自哪里？周围的山水地貌是怎样的？所在区域的气候有什么特点？培育期多长？当地人的饮食习惯是怎样的？辣椒和哪些食物是天然绝配？生产过程运用了什么特殊工艺？

品牌方 A 的辣椒原材料产地海拔高、天气恶劣且生长周期长，但营养价值高、产量少，属稀缺资源；而品牌方 B 的辣椒原材料肉厚，适合做酿辣椒，容易买到且常年供应，价格还不贵。那这两家品牌方的产品基因就完全不同，商品的价值和价格也不相同，所能满足的消费者需求也自然不同。

### 3．选择最合适的呈现方式

假设消费者需求是寻找一款果肉很厚、口感不辣的辣椒用来做酿辣椒，某品牌方的辣椒正好果肉厚实，从横截面来看，果肉比一般的辣椒要厚上一倍，简直和柿子椒一样。你需要的我正好有，接下来就把"肉厚"的这个"交集"呈现出来即可。

事实上，快车道品牌咨询在为客户服务的时候，不论是洞察消费者核心需求，还是挖掘品牌方产品基因，都需要经过非常细致、深入甚至有些漫长的调研和思考的过程，绝不是"今天签了合同，明天就有创意，后天就完事儿"那种。我们坚信，只有前期工作做足，后期才能做对。否则的话，一旦需要返工，更加浪费甲乙双方的时间。在作业方式上，我们的主张是"慢慢来，比较快"。

# 三、沟通语要注意哪些问题

## 1．不要自说自话

从消费者的买点出发，而不是站在品牌方的立场自说自话。

## 2．尽量把品牌名嵌入沟通语

在媒介去中心化的移动互联网时代，每个人每天都会接收到无数的信息，如何在最短的时间内抓住消费者的眼球和心思，是每个品牌都必须努力做到位的事情。只有简单、直接地将品牌名嵌入沟通语，和买点一道呈现给消费者，才能大大降低消费者的选择成本和记忆成本，同时更有利于传播。

## 3．简明扼要不啰嗦

超过三句话才能把你想说的说清楚的沟通语，不是好沟通语，最好能一句话说明白。好的沟通语，必须精辟到无法改动任何一个字。对的，就该这么精准！

### 4．尽量不用大词

不知道你有没有发现，好的沟通语都有一个共同点，那就是老老实实从消费者的买点出发，且买点够突出、够具体，坚决避免用含义笼统的大词。

### 5．如非必要，勿用谐音

当下的人们对语言文字的审美需求也在不断更新和升级，曾经非常流行，被认为很绝很妙的谐音梗，正逐渐被消费者嫌弃。请注意，玩谐音梗已是昨日黄花了。

谐音梗在本质上其实是一种简单粗暴的"山寨"既有语言机锋的做法。沟通语应当深度契合品牌特质、消费者需求。有什么样的品牌特质，就会吸引什么类型的消费者，自然也应当有相应的沟通语与之匹配。

另外，谐音梗会让创作者产生创意惰性。如果"嘴巴一歪"就能出来一个所谓的创意，那创意也未免太容易、太敷衍了。事实上，这种谐音梗路线的创意也是速朽的，很容易被收割、被淹没。

# 四、快车道创作了哪些沟通语

## 1．差的果实不给

喀什维吉达尼电子商务有限公司是一家具有互联网基因的以销售新疆干果和果干为主营业务的企业。这家企业诞生于2012年，是由一群援疆志愿者联合发起，和喀什当地农户共同创立的品牌。

"维吉达尼"在维吾尔语中是"良心"的意思，该品牌的产品是"自然阳光干果"，是"大自然馈赠的果实"，不做人为干预。诸如只靠太阳晒干的葡萄干、成熟之后自然裂开的核桃、在树上风干的杏干、用手除草的雪菊、用天山融水来浇灌的枸杞等。

维吉达尼品牌传达的品牌气质是"维农丰富的种植经验和诚信态度"。维农是这样一群人：从会干活就开始当农民的鹰嘴豆农户、最得意干活下苦力用苦功夫的核桃农户以及拥有三十多年种植经验的枸杞农户。这些朴实的农户无不以"这是我亲手种植的"为傲。

这么多真实的故事，这么多有温度的产品，如何用一句话跟消费者说清楚呢？我们从消费者买点、产品核心优势以及品牌气质入手，想出了沟通语——"差的果实不给"。

ئۆزىگە يارىغان خانغا ياراپتۇ

# 差的果实 不给

维吉达尼品牌沟通语

"差的果实不给" 是语序很特别的句子，有浓郁的区域特色，但又能让人一听就懂。这句沟通语既是合作社农户对消费者做出的承诺，也是维吉达尼甄选新疆农产品的首要原则，更是让消费者放心购买的理由。

"差的果实不给"这句沟通语架起了农户与消费者之间的桥梁。维吉达尼，让农户受益，让消费者安心。

## 2．每一分钱都花在好吃上

做营销、做品牌的朋友可能经常会遇到这样的问题：产品明明得到了消费者的认可，价格也在可接受范围内，但偏偏叫好不叫座，无奈只能采取打折促销这种让利又伤品牌的方式。

有没有什么办法可以既不打折，又能让消费者心甘情愿地掏钱呢？当然有，办法就是要"打动他们"。那怎样才能打动他们呢？首先要知道消费者到底想要什么。消费者买电钻，实际上是要那个"洞眼"；消费者买汽车，是买速度、买身份；消费者买化妆品，是买美丽、买自信。消费者的思维逻辑和品牌方不太一样，品牌方往往容易陷入"我有什么"的窠臼，而消费者的思维往往是"你的这个东西和我有什么关系"。

"一知万"月饼沟通语

　　快车道品牌咨询为中山市一知万食品有限公司旗下的"一知万"月饼做了"简装月饼"的定位。依据这个定位，月饼的口味、价格、产品组合方式等，哪一项才是消费者的核心买点呢？

　　这时我们再次审视消费者需求：选购月饼的时候究竟为什么有人会选择简装月饼，而不是所有人都选礼盒装月饼呢？说到底，买简装月饼是为了"吃"，既然如此，那就没有必要把钱花在"不能吃"的礼盒上。

　　简装月饼价格低，但并不意味着低端，而是满足了一部分消费者购买月饼"只是为了吃"的真正买点。

　　"每一分钱都花在好吃上"，这是我们最后呈现给消费者的沟通语。想想看，自己的每一分钱都花在好吃上了，而"好吃"又是消费者对简装月饼的本质需求，想不打动他们都很难。

### 3. 中之杰肉粽，好运传送

　　从 2014 年至今，长春中之杰食品的端午粽子产品不断创新升级。"港式靓肉粽，实在好有料"简明扼要，其中颇具粤语特色的"靓"字，传递了中之杰"港致美厨"的品牌基因；"实在"既有诚实可信不虚假的含义，又有"的的确确"的意思。在东北话的语境下，"实在"更是一个常用且非常有地方特色的褒义词，也迎合了中之杰食品"北面南做"的东北基因。

产品第一次升级后，我们把产品原料直观地植入沟通语当中，于是有了"XO酱山黑猪肉粽，笨D好有料"。这句沟通语让消费者清晰明白地接收到自己买的粽子馅料是用山黑猪的猪肉、XO酱等做成的。"好有料"延续了中之杰肉粽一贯真材实料、分量足的特点，而笨猪的"笨"字在东北就是代表"笨养"的方式，也就是放养的意思；"D"字，"识听广东话，梗系知嘅啦"（会听广东话的就肯定知道的）。

时间来到2019年，"港式靓肉粽，实在好有料""XO酱山黑猪肉粽，笨D好有料"都已深入人心，除了传达产品原料好且分量足的物质利益，我们从精神层面进一步捕捉到过节送礼图个好口彩、好兆头的需求，沟通语"中之杰肉粽，好运传送"应运而生。

中之杰肉粽沟通语

### 4．只吃汤圆不吃胶

中之杰炫彩汤圆由占位"炫彩"升级到"榴莲炫彩"，从颜色到口味，产品不断创新。2020年，中之杰汤圆再次升级为"不用胶的好汤圆"，不仅让消费者吃到"好口味"，更吃到"安心、放心"。"只吃汤圆不吃胶"，从口味到健康，直击消费者买点。

### 5．正月十五节节高，中之杰的炸元宵

这句沟通语包含了时间节点、消费场景、品牌名称、产品信息等，不但内容丰富，而且朗朗上口，还把消费者的买点、需求很明白地融进来。之前的章节中已经为大家分析过炸元宵的技术难点，而当人们了解到中之杰的元宵是"炸不爆"的之后，自然就愿意"放心"地买来"放心"地炸了。

这则广告在电台投放之后，听众对这句沟通语耳熟能详，传播效果极佳，以至于一提到"正月十五"，就会有人跟着说

中之杰炸元宵沟通语

"正月十五节节高，中之杰的炸元宵"。这句沟通语传播之广泛，几乎到了家喻户晓的地步。

### 6. 前槽后鞧肉，一根好红肠

去过哈尔滨的朋友可能会发现，满大街的红肠令人眼花缭乱。到底应该怎么选？老品牌？好口味？这样的标准几乎等于没标准。家家都是老品牌，个个都是好口味。这时候，如果有"前槽后鞧肉，一根好红肠"的字样跃入眼帘，消费者一定会被吸引。

首先，如果消费者对什么是"前槽后鞧"感觉不甚明了，大概率可能会打开手机搜一下，不懂就搜，一搜便知。毕竟在这个各种移动互联网应用如此发达的时代，"搜索"几乎成为人们下意识的行为。对于那些已经知晓"前槽后鞧"是什么的朋友来说，估计一看到这句沟通语，立马就会下单。因为"前槽后鞧"这两个很具体的猪肉部位，几乎是"高质量好猪肉"的代名词，算是市井生活中的常识，熟悉感和信任感油然而生。

老鼎丰红肠沟通语

洞察出到底什么样的红肠才是消费者心中的好红肠之后，把顶级好原料的具体部位简单直接地呈现在沟通语中，"前槽后鞯肉，一根好红肠"，自然而然让消费者印象深刻。

### 7. 加州原野厚西梅，厚的超好吃

很多消费者在向朋友推荐零食的时候，都会用"好吃""超好吃"这样的词。可见，"好吃"是消费者挑选零食的首要标准。

什么样的西梅是好吃、超好吃的呢？快车道品牌咨询项目组在开展市场调研的过程中发现，市面上既有的西梅产品大都"核大皮薄"。那怎样的产品才能真正满足消费者"好吃、超好吃"的需求呢？如何才能简单明了地把"好吃、超好吃"说明白？

得益于加州得天独厚的自然环境，加州西梅的果实相较于其他产地的西梅更为厚醇，是名副其实的得天独"厚"：阳光优厚、果质醇厚、滋味丰厚……加州原野通过物理方法对产品进行筛选升级，制作出"厚"西梅。这样的西梅不但好吃，而且可以说是超乎想象地好吃。肉厚，吃起来非常过瘾，超有满足感。

西梅是产品，"厚"是属性，符合消费者的买点。沟通语"加州原野厚西梅，厚的超好吃"，将产品特性和消费者需求完美匹配，这句话就是货真价实地引发购买的那临门一脚。

### 8．现场灌，新鲜吃

"时间是一个可恶的杀手，摧毁了泡芙的外皮，糟蹋了泡芙的内心。一颗泡芙失去了该有的灵魂。为了让泡芙的灵魂醒来，我们不惜一切代价，决定打败时间这个敌人。"为了让顾客感受到泡芙的新鲜口感，惠诚滋知卖出去的每一颗泡芙都是在顾客点单后现场手工灌馅的。

"现场灌，新鲜吃"，这是一种堪称白描的客观陈述，不经一丝一毫渲染，满足了消费者对新鲜口感的需求，传递出品牌方对完美出品的极致追求。

### 9．皮比馅更好吃

在消费者的传统认知中，吃有馅料的食物自然主要是吃"馅"。不过，惠诚滋知的老婆饼特就特在"皮酥"。"皮比馅更好吃"这句沟通语打破了消费者的传统认知和惯性思维，把酥皮好吃的特性凸显出来，赤裸裸地告诉消费者——馅固然好吃，皮比馅更好吃。

### 10．臻味小产区杂粮，每一粒都不一样

市场上主打营养、有机、健康、天然的粗粮产品非常多。不过，除了这些众所周知的方面，粗粮产品还有没有其他的超越产品功能层面的或者精神层面的需求呢？北京臻味坊臻味小

臻味小产区杂粮沟通语

产区杂粮，坚持只在核心源头产地采购原材，产品种类极其多样，而且是"靠天吃饭"。

小产区，可能是某几个散落的村庄、某些不相连的山头或某条小河附近的狭小流域。臻味小产区的杂粮产品，具有独特的区域特色，都是大自然的馈赠，而且产量不可控，稀有珍贵，不可复制，因而极具价值感。

小产区，意味着品质独一无二，也意味着产量稀少，有其利必有其弊，这就是事物的双面性。"老天爷给的""土里刨的""汗水浇的"，就是这种品质天然、产量稀缺价值感的最直观描述，我们更进一步地提炼为"臻味小产区杂粮，每一粒都不一样"。

### 11. 粮丰园大月饼，陈皮比五仁贵很多

这句话既是陈述一件客观事实，又直击消费者买点。为什么要突出产品原料的价值呢？因为有数据显示，90% 以上的大月饼是用来送礼的，购买者送礼的时候，最大的需求就是礼

重、礼贵，让受礼者感到有面子。

大月饼是广州酒家在"广式月饼"品类之下的一项战略性业务布局，粮丰园食品则是广州酒家用来承接这项战略的旗下品牌。在此背景之下，快车道品牌咨询为粮丰园大月饼制定了进攻型竞争策略，因而有了"陈皮比五仁贵很多"这句沟通语。

### 12. 靓虾王，当季原粮鲜新米

"靓虾王"是东莞太粮集团旗下的一个南方稻米品牌。结合南方地区消费者的口味需求和产品自身的优势，快车道品牌咨询找出消费者共有的核心买点和产品的独特竞争力，即"当季收割马上售卖，甚至可以做到48小时从农田到餐桌"。

通常我们都会说"新鲜"，意思是"因为新所以鲜"。不过，大米消费者首要关注的还是结果而非原因，所以我们提出了"鲜新"这个概念，将此作为品类名称。"鲜"用来形容当季原粮的口感，"新"用来限定生产时限，"鲜新"比"新鲜"

靓虾王沟通语

更直接地将靓虾王当季原粮的价值感"怼"到了消费者的眼皮子底下。不跨季销售，用当季原粮顺应"不时不食"的需求，所以"靓虾王，当季原粮鲜新米"。

## 13.　快车道经典广告语

多年来，快车道公司为众多知名食品品牌撰写了不少经典的广告语，以下是部分经典广告语精选。

| | |
|---|---|
| 广州酒家 | 广州酒家　广式月饼 |
| 金顺昌 | 桂林山水甲天下　桂林桂花伴手礼 |
| | 桂林桂花伴手礼　桂林桂花金顺昌 |
| 桂花公社 | 桂花公社读桂林 |
| 北京礼物 | 北京礼物　倍儿北京 |
| 维吉达尼 | 差的果实　不给 |
| 咀香园 | 广式白莲蓉　当然咀香园 |
| 昆明冠生园 | 我们从 1915 年开始做饼 |
| 超港烘焙 | 超港年礼　超有戏 |
| 惠诚食品 | 聚全世界的好　让好吃更好吃 |
| 惠诚江湖饼行 | 有人的地方　就有江湖 |
| 贵州省烘焙协会 | 汇成大海　一起扬帆 |
| 金贝儿点心供销社 | 用心供销　食必求真 |
| 乔家栅 | 江西人　乔家栅 |
| | 有家就有乔家栅 |
| 一知万月饼 | 简装月饼　每一分都花在好吃上 |
| 臻味杂粮 | 小产区杂粮　每一粒都不一样 |
| 太粮米业 | 中国太粮　粮新好米 |
| 秋香食品 | 提着秋香走亲戚 |
| 缘喜来喜饼 | 缘来喜来幸福来 |

| | |
|---|---|
| 广州酒家粮丰园月饼 | 陈皮比五仁贵很多 |
| 知味观蛋黄酥 | 杭味手揉　一口江南味 |
| 海融植物基奶油 | 国家科技进步奖　植物基奶油用海融 |
| 老鼎丰红肠 | 前槽后鞧肉　一根好红肠 |
| 加州原野西梅 | 加州厚西梅　厚的超好吃 |
| 中之杰粽子 | 港式靓肉粽　实在好有料 |
| | 中之杰肉粽　好运传送 |
| 中之杰元宵 | 正月十五节节高　中之杰的炸元宵 |
| | 只吃汤圆不吃胶 |
| 中之杰月饼 | 东北仁月饼　仁好 |
| 合口味粽子 | 巴掌大的五花肉　鸡汤煨米代替水 |
| 惠诚老婆饼 | 皮比馅更好吃 |
| 惠诚泡芙 | 现场灌　新鲜吃 |
| 惠诚粽子 | 酒香肉粽　粽中新贵 |
| 金贝儿蛋糕 | 金贝儿的蛋糕　乳黄色 |
| 金贝儿粽子 | 巴蜀粽　麻辣味 |
| 希悦粽子 | 人参高汤大肉粽 |
| 迪莉娅法式月饼 | 法国皇室　中国中秋 |
| 鲜果轻冻干食品 | 咬一口　像吃了一棵芒果树 |
| 沁漓罗汉果 | 黄金小罗汉　小的刚刚好 |
| 红花蜜 | 十亩红花地　一斤红花蜜 |
| 加一人参 | 瑞士高科技　中国正能量 |
| 太粮靓虾王大米 | 当季原粮鲜新米 |
| 臻味每日坚果 | 臻味果仁多　没有哈喇味 |
| 来伊份 1 号金芒 | 肉肉的　厚厚的 |
| 派立休闲食品 | 五谷零食　脆好吃 |
| 味享良品绿豆糕 | 早餐营养蒸出来 |
| 香蜜时刻果干 | 去掉水分　享受精华 |

🔊 张口道来

### 说人话

行李箱的尺寸通常用"大号""中号""小号"来衡量。可是，多大算大？多小是小？中又是什么尺寸？其实消费者是不太清楚的。如果用多少升来标注，数字虽然精确，但还是不够直观。

我记得有一次在机场的无印良品看到了 MUJI to Go 箱包系列，既不用大、中、小衡量容积，也不用多少升衡量容积，而是用"天"来界定旅行箱的容积大小："出行三天用""出行七天用""出行十五天用"。这种表达让人一看就懂，不仅直观地划分了不同消费者对旅行箱容积的不同需求，而且与机场这种消费场景很匹配，还能俭省成交时间成本。这就是"说人话，更快成交"。

同样，我们在买蛋糕的时候也会遇到一个困惑：多少磅？多少寸？一磅是多重？一寸是多大？其实这些表达都不是从消费者买点出发的。如果我们直接在蛋糕上标上几人食（比如"2—4人食""4—6人食""6—8人食"等），这才是真正从消费者的角度考虑问题，消费者一看就能够很清楚地明白自己应该点哪种分量。

诸位品牌方不妨想一想：在你们推向市场的产品当中，有多少还标着"寸"或"磅"？有多少还标着"大""中""小"？

# 附录一

## 大咖推荐（企业篇）

# 集二十多年深度思考于一书

祝贺劲松的《"买点"方法论——快车道的食品品牌打造法》出版，一切从消费者未被洞察的"买点"出发，集二十多年设计、咨询、实践的深度思考于一书。"文化不被创造，但可以被占位""让优势更具优势"等诸多观点和案例分享，让人耳目一新，受益良多。

周广军

2022 年 3 月 13 日

（作者系苏州稻香村食品有限公司执行董事、稻香村食品集团股份有限公司总裁）

# 张劲松其人及其方法论

张劲松，一位生活在南方的北方汉子。

一位卖设计、卖点子最后卖思想的人。

认识张劲松十来年了，刚认识的时候是我找上门的，希望他能为我们企业的产品在包装上添点光彩。那一次，不知道他是没在公司还是对我不太待见，只让他的太太（也是他最得力的助手）出来打个照面，然后由他的一位部下与我谈了一阵子，秀了秀他们公司做过的作品与合作过的公司。第二次，还是我找上门。他给我开出"三个不"的条件，一是不参加投标，二是不上门提案，三是不什么我已经忘记了。不过，我们还是合作了，那一年，我们的产品大卖，之后也多了许多人上门找他们合作。第二年，我是挂着拐杖去他们公司的，不是苦肉计，而是真的跌伤脚，骨折了，但季节性的产品不等人，只能三番两次地驱车摇晃两百多公里的路去深圳，然后再挂着拐杖去爬他公司的夹层楼阁。再之后，我们成了朋友，也有着共同的对艺术的爱好和对社会公益的探讨。后来，他开始上门找我了，合作的内容也从包装设计扩展到品牌定位再到展会策划，等等。啰嗦这么多的过往，其实我是想说张劲松虽然倔强、傲气，但也是一个有个性、有能力而且有温度的人。

虽说是朋友，但其实我们的联系也不算多，平时我有我的忙，他有他一个又一个的项目订单和不断的行业论坛、展会、演讲等活动，偶尔见个面或通个信息，依然是亲切的，是无须多言的。不过，这次他倒有点见外了，发了拟出版的新书目录和主要内容过来，然后问我能否给他写个推荐，话说得谦恭，诸如"不情之请""怕您拒绝"之类。我能不答应吗？这话就是不容我拒绝的意思呀，而且，我想他是对其即将面世的这本书太重视了，故而以退为进。

我开篇就说张劲松是"卖思想"的人，这首先要求他本人必须是有思想的人。这一点的确毋庸置疑，从过往与他的讨论和他演讲中的一些观点就可以见证。比如他对"产品包装"的"初心说"：为什么而出发，要找回初心，不要本末倒置；比如他的"买卖说"：为什么"买"字在前，"卖"字在后，要洞察交易的动机等，无不充满思辨与哲学。从他这次即将出版的《"买点"方法论——快车道的食品品牌打造法》一书的书名可见他是站在"买"的立场的。细想也是，如果没有"买"，哪来"卖"？没有需求，哪来交易、哪来市场？

张劲松说这是他花了九年时间写成的一本书，总结了他的公司快车道品牌咨询和他本人从业25年的经验，一切从消费者未被洞察的"买点"出发。再看书的内容，一如既往地论述了他所熟悉和擅长的"战略、产品、亮点、沟通、设计"等，但不同的是这本书讲的是"方法论"，顾名思义，其内容就不是泛泛而谈，不是放之四海而皆准的"大道理"了，而是充满现场感，充满比较与选择，充满思辨和金句，富有振聋发聩的说服力，富有操作性和指导性。我想，这本书与其说是给他自己和快车道公司做一个总结，倒不如说是他与快车道的再一次整装待发，更是他从一个侧面为行业、为市场做了一场回顾与疏理，然后撬开新思考，展开新希望。

如此，这本书是值得我们期待与拥有的。

赵利平

2022 年 3 月 11 日

（作者系广东省文艺评论家协会原副主席、广东省文化学会原副会长、广州酒家集团股份有限公司总经理）

# 只要把任务交给他们
# 就会得到让人满意的成果

　　和快车道品牌咨询合作已经有九个年头了。回想自己二十余年的职业生涯，一直只做一件事情，就是知味观的食品产业。其间不免各种磕磕碰碰，产品定位和包装设计是绕不开的工作难点。最开始的时候，每年都要参加各类食品展会，跑各家包装设计公司，要从众多公版包装中挑出相对合适的包装。这是一项既不经济又很艰难的工作，因为这样选出的包装，不但价格受制于人，而且还不能真正代表企业的形象和文化。

　　于是我决定找一家合适的设计公司来针对公司产品的包装进行专版设计。这条道路是曲折的，其间合作的一些设计公司，没有经过对知味观企业文化的深入了解和对市场的深入调查，就设计出一系列包装敷衍了事。但也有一些设计公司，通过几年不断交流，设计出了符合知味观需求的包装，为知味观食品的销售增长做出了很大的贡献。

　　随着市场竞争的日益加剧，知味观不仅要稳固区域企业行业龙头的地位，还要在更大范围内树立良好的企业形象和品牌，否则在与全国性品牌的竞争中将会面临越来越严峻的态势。这个时候，最重要的就是找到一家视野更广阔、思想更有高度、创意更新锐的策划设计公司成为知味观的长期合作伙伴。

说起快车道品牌咨询，我一开始是不了解的，甚至可以说是不怎么喜欢的。这一点我从来没跟张总说起过。对快车道的第一印象，就是他们在上海烘焙展会上搭起了巨大的场子，紧锁大门，外面排着一支展馆里最长的队伍，门外有时还站着不苟言笑、满脸严肃的工作人员，这给人的感觉是不友好的。但他们的展馆设计和有意无意露出的产品包装又是那么吸引人。每年我都强压住想排队进去看看的冲动，躲开了快车道的展厅。当时感觉这是一种很有骨气的做法，但还是禁不住对快车道公司和张总的好奇。

不得不说，无论是快车道公司，还是张总本人，尽管直观上都有一股子傲气，但的确还是非常有魅力的。每次参加行业协会的总结会或者论坛时，我都很期待张总的分享。他的演讲从不趋炎附势、讨好别人，也不怎么推销自己，更多是一针见血地道出企业在战略、战术、品牌、产品、设计及行业趋势上存在的问题。他很愿意为同行们提出建议和意见。其间，我一直通过各种渠道关注快车道的信息，了解了快车道的一个个成功案例，同时也多次到一些快车道服务的企业进行现场调研和学习，逐渐对快车道有了更深的了解，也对张总有了更多的信心。

和快车道的合作是非常愉快的，因为这么多年来，只要我们把任务、想法交给他们的团队，就一定会得到让我们满意的成果。

这个九年的故事比较长，我就不赘述了。快车道能有这样的效率，更重要的是有这样的工作质量，一定是有一套非常有效而又与众不同的方法的。很高兴张总能够把它总结、提炼出来，写就了《"买点"方法论——快车道的食品品牌打造法》这部大作，分享给同行和客户，我相信一定会给读者带来启发，也希望快车道能够对这一方法论做持续改进，帮助更多的客户拨开云雾、大展宏图。

李　俊

2022 年 3 月 3 日

（作者系杭州知味观食品有限公司董事长、总经理）

# 任务交过去，提案的质量有保障

桂林顺昌是一家走过了三十多年发展历程的食品企业，旗下有金顺昌、五福顺、金万祥等品牌产品，从2000年的包装设计项目开始与快车道品牌咨询团队合作，至今已二十多年。一路走来，双方可谓知根知底，亦师亦友。

虽然我对自己的产品和品牌定位有十足的信心，但在2013—2014年考虑企业如何转型和升级品牌的时候，还是希望能借助专业的公司给出一些思路和方向。在与众多乙方公司沟通后，我最终还是选择了快车道，其根本原因除了信任之外，还有双方合作多年以来，劲松团队给我留下的踏实、务实的深刻印象。任务交过去，提案的质量有保障。

劲松善于听和问。他能从随意的聊天中抓取甲方的真实想法，还能同时照顾到甲方的理性需求和感性需求，而且这个过程是舒适的。

劲松也很"轴"。项目推进过程中，我们经常会就一些关键点多次争论，当双方都不能说服对方时，会放下来，过段时间再次讨论。当初合作金顺昌桂林桂花伴手礼的项目，双方就这样用了一年半的时间，才最终确定了"顺应自然"的品牌文化。这期间，劲松多次亲自带队，实地调研桂林及国内外旅游市场，每一次提案都亲自把关，带来的理念让我们整个经营团队都受益匪浅。他有很强的专业原则。从这一点上看，我的经营理念就是在与他多次碰撞中得到升华和拓宽的。跟这样的人合作，实属幸事一件。

2015年，以"桂花"为主题的金顺昌桂林桂花伴手礼项目落地，三十多家直营店在桂林悉数开业，全新的系统输出让我们的品牌赢得了消费者的普遍认可。

对于企业的发展方向，劲松也总结出"卖产品—卖包装—卖品牌—卖文化—卖信仰"的阶段论。对此，我非常认同。这个理念不仅指导了我们企业的发展方向，也明确了双方后续合作的步调。在接下来的项目合作中，我公司旗下的首家沉浸式桂花文化博览园里，就处处都在贯彻和执行这个理念。

快车道品牌咨询能在二十多年前成立之初就将企业定位在"食品行业"，实属不易。当众多其他企业恨不得所有行业项目都接的时候，他们还能始终坚持只专注于服务食品行业，数十年磨一剑，更加难得。从包装设计到品牌策划，再到战略咨询，快车道的每一步都走得稳健踏实，每一步都跟金顺昌的发展同频共振。他们能在一众公司中脱颖而出，成为业内标志性企业之一，这与掌舵者劲松对"快车道"品牌的坚持、对出品的苛求密不可分。

行业聚会时，我们经常会讨论产品怎么怎么的好，但市场就是打不开。很多企业主还是相信"好产品一定有市场"，但常常事与愿违，其原因就在于"卖方思维"。在新零售时代，企业的核心目标应从产品转向消费者，同时还要不断提升自身为消费者创造价值的能力。《"买点"方法论——快车道的食品品牌打造法》就是从消费者的角度出发思考问题，满足消费者的需求的，而不是自卖自夸，自说自话。这也是我们企业主亟须要转变的新的思维方式。

本书用快车道服务过的多家食品企业的真实案例，从战略、品牌、产品和设计等不同维度来诠释买点方法论，书写得很接地气，相信定能为行业内外的企业提供有益借鉴。

陈应福

2022 年 3 月 11 日

（作者系桂林市顺昌食品有限公司总经理）

# 要做只做劲松这样的乙方

创业之初，我创办的维吉达尼公司就建立了一支在行业内堪称高配的品牌团队。有段时间，品牌团队的同事经常找我，说很多同行也想让我们帮他们做点品牌的定位和设计。我当时说，我们从来只做甲方，不做乙方。

当然，遇到劲松兄以后，才知道自己见识太少，过于狂妄。劲松兄就做了 25 年的乙方，可是他的思想和灵感，化成了很多甲方企业的产品和服务，让用户们在潜移默化中理解了品牌的主张。

劲松兄是行业老大哥，我认识他跟"后院读书会"有点关系，以后有机会再和大家细说，而我们真正熟悉，是因为维吉达尼品牌升级的合作。

虽然我公司也有一支品牌团队，但我当时认为整个公司需要来一次彻底的品牌升级，当然我也知道，找到一个合适的外部服务团队是很难的。

第一次去劲松兄的快车道公司，就有感觉。第一个感觉是劲松兄陪我唠了很长时间，听我讲维吉达尼的创业史。所有乙方最宝贵的是时间，恨不得赶紧签合同干活，劲松兄不是这样，估计他也在挑我们。第二个感觉是，劲松兄有很强的共情能力和提炼能力，他很快抓住了维吉达尼的核心品牌资产——助农，抓住了这个企业最重要的情绪——温暖。后来快车道团队从我们所有的农户金句里面选了一句"差的果实不给"作为我们的广告词，这是非常精准的。

我认为劲松兄之所以能够坚持25年这么漫长的时间都做同一件事情，原因在于他对"用户的用户"的洞察。很多做服务的团队往往是服务甲方的老板，可是很多人忘了，甲方爸爸的"爸爸"是谁？是他的用户。脱离了服务对象的用户，仅仅迎合某个人，虽然是容易拿下订单，但终究会在残酷的商业竞争中失败。

我认为广州酒家那个案例是很经典的，企业发展到一定程度，都会认为自己无所不能，夸张地比喻一下，广州酒家可能会感觉自己也能做天津大麻花。劲松兄很冷静，他给广州酒家提出的定位是，回到"食在广州第一家"，只做"广式"，只做"广味"，只做"广"。企业做加法容易，做减法很难，一个乙方劝甲方做减法，很少有。劲松兄的减法，正如他的心法：一切从消费者的买点出发。

我还想说说我们维吉达尼的那套包装。

我其实一直对于中国的食品包装很不满意，大红大紫，俗气得很。当然，很多人说"你懂啥，这是接地气"。老百姓喜欢大红大紫，这个我同意，如果我过年给妈妈买食品，我肯定买大红大紫的。但是，我们的品牌是在社交网络上兴起的，用户群偏年轻，如果我们的包装不能从众多包装当中一眼被认出来，就是失败。劲松兄很理解我这个想法。

　　我曾经看过一组英国某品牌薯条的包装，上面是英国普通人的生活场景。"我们做一组农户真实头像场景的包装袋吧！"

　　这套包装，是我目前看过的国内食品包装当中最有高级感和心意的系列之一。很多用户都跟我说，每次他们去拿快递，第一眼就能看到我们的包装。当这一组包装上架到中国最出名的超市的时候，一系列灰黑色夹着艾特莱斯彩色、赫然一个马木提老人头像的食品包装，非常震撼。

　　王婆卖瓜了一番，现在正式推荐《"买点"方法论——快车道的食品品牌打造法》这本书。劲松兄将他25年服务食品行业的经验提炼成了一本书，我觉得实在是太宝贵了。我每次跟劲松兄见面聊天都获益匪浅，很可惜现在长期在新疆工作，见面机会很少，有了这本书，就相当于跟劲松兄唠嗑三天三夜，实在是太值得了。

刘敬文

2021 年 11 月 19 日

　　（作者系喀什维吉达尼电子商务有限公司创始人）

# 既是局外人，又懂局中事

老鼎丰品牌始创于 1757 年。老鼎丰糕点厂于 1911 年在哈尔滨创建，见证了食品行业的百年发展历程，赢得了"有口皆碑老鼎丰"的美誉。

我作为这家百年老字号企业的领头者，面对企业多元化发展的目标，对百年品牌的传承与发展尤为看重。既要深耕和传承老鼎丰的糕饼技艺，保持产品一贯的匠心品质，又要满足消费者不断变换的消费需求，打开新的市场，这就促成和加深了老鼎丰与快车道品牌咨询的合作。

从最初就月饼项目的合作与张总促膝长谈，到一年又一年的包装形象合作，再到老鼎丰红肠项目全案的落地，从项目合作到团队服务，张总和他的快车道团队用专业的实力一次次给出了让我们满意的答案。

快车道公司在张总的带领下，运用他们自己独特的思维方式与洞察观点，帮助许许多多的企业解决了战略定位、营销策略、品类聚焦、优势升级、产品创新、市场前瞻、行业趋势预判、品牌文化、包装突破、消费诉求、产品互动、爆款单品等一系列问题。

这些成绩所依仗的正是张总凭借多年的经验与智慧所打磨出来的一套完整、有效的"买点"方法论。在这套"买点"方法论的支撑之下，快车道品牌咨询一直在行业内行之有效地发挥出其独特的魅力。

说了许多，不免有些偏离初衷，还是要正式推荐《"买点"方法论——快车道的食品品牌打造法》这本书，书中从多个买点维度深度剖析了企业战略、品牌、营销方法等，包括买点需求、买点战略等多位一体的独特策略和创意方法。这既是一种经验分享，也是一套实战方法，非常值得一读。诚恳地把这本书推荐给大家，希望看到这本书的朋友都能从中受益。

曹卫平

2022 年 3 月 8 日

（作者系哈尔滨老鼎丰食品有限公司总经理）

# 比客户更懂客户

　　与劲松相识是在长江商学院,始于同窗,从此结下合作的渊源。

　　2015 年,旺顺阁还只有十几家门店。与劲松最初的合作就是我们的节庆产品——月饼、粽子、盆菜等项目。快车道品牌咨询的提案总是能脱颖而出,既顺应当时的市场潮流,又有吸人眼球的独到之处。

　　劲松的才华与灵感不止于设计,从产品包装的设计、制作到通过包装引入定位,他用自己的商业洞察与感悟力更深地理解了客户的需求,总能比客户自己更懂客户。

　　在劲松看来,包装不只是商品的外衣,直接展示商品的卖点,更要触达消费者的买点,形成购买。快车道品牌咨询通过帮助客户定位,提炼最精准的产品价值点与消费者的买点相匹配。这样的包装就有了张口说话的本领,成了叫客利器。

　　好的包装除了光鲜亮丽,还要会讲故事,先吸睛再吸金。劲松积累了二十多年的从业经验,与国内众多响当当的餐饮、烘焙品牌合作,助力客户获得销售业绩与品牌形象的双成功。

　　发展至今,旺顺阁已成为在北京、上海、深圳、西安、天津等地拥有五十余家直营门店的连锁品牌，与快车道的合作是我们发展道路上的强劲助力。在此，我要感谢劲松和快车道的一路陪伴。

写书不易，难的不仅是笔墨功夫，更是那份愿意拿出其所有心得与人分享的真诚。祝劲松的《"买点"方法论——快车道的食品品牌打造法》大卖，希望这本书能帮助更多经营者、从业者参透本质，找到自家产品的"买点"，让更多的价值被看见。

张雅青

2022 年 3 月 10 日

［作者系旺顺阁（北京）投资管理有限公司创始人、总裁］

# 为"买点"方法论点个"在看"

劲松很忙。他的快车道公司二十几年一以贯之，在品牌战略、营销策划、包装设计等方面为成百上千家食品领域的企业服务，为食品产业的发展做了许多有益且有效的工作。

在烘焙和粽子行业协会组织的活动中，我多次听到劲松的演讲，很专业、很务实，许多观点我非常赞同。比如"人们都在预测未来十年什么会变，但更应关注什么不会变"，又比如"中国人说做买卖，为什么买在先卖在后，说明先有买才有卖，别把'买卖'做颠倒了"。

不久前，他说正在写一本书，希望我给写个推荐。天啊！我虽然在北京稻香村工作了几十年，但既不是专家也不是名人，还没有给人作推荐的资格吧，可别帮了倒忙。可当我看到《"买点"方法论——快车道的食品品牌打造法》的书稿和目录，竟一下被吸引了。

这是一本以"买点"为中心，用朴实的语言和鲜活的案例，把"什么是买点和如何在买点思维之下定位战略、策划营销、研发产品、设计包装"这些事说得清楚明白的、好看的著述。

劲松带领的快车道公司，也正是专注于食品行业，信守和践行了买点方法论，才卓有成效地为客户创造了价值，才获得了客户的认可和业绩。这本书的内容正是他们学习思考的结果和实战经验的结晶。

市场经济有三大基本规律，其中之一是"供需"。"需"就是买，"供"就是卖。有什么需求，才有什么供应；有多大需求，就有多大市场。买卖生意就在那里，好做难做存乎一心，就看你如何洞察需求、研究需求、挖掘需求、把握需求。别老说什么外部环境，不论在什么时势下都有做得火的买卖家，关键是你能否善于发现需求并精准供给。买点属于经营范畴，正是经营的要素中最核心的用户价值。劲松对问题抓得准，实操有方法。

很多企业似乎也都知道"买点重要"这个道理，但却又很难做到知行合一。做事时往往还是从企业自我出发，不断地自说自话，反复地去说服消费者，而不是主动认真地倾听消费者的需求来做出改变。

面对百年未有之大变局，中国经济发展正在从高速度转向高质量，中国企业正从多元资源型转向效率创新型。现在已是消费者时代，更是买方市场，只有回归基本的商业本源，把屁股坐在消费者一边，从产品设计到营销路线，一切从消费者的想法、期望出发，满足消费者物质和精神上的各种需求，企业才能健康生存。只有敬畏和追逐买点，持续为顾客创造价值，企业才能永续经营。

劲松很低调、求实，虽然书名是"买点方法论"，但其实背后是大道，是智慧，买点经营是未来不会变的确定性的法则。坚持"买点"方法论就能适应和对冲未来所有的不确定性，就有了以不变应万变的底气和战略定力。

我写了以上这些文字，算不上什么正儿八经的推荐，只是想说说自己的体悟，并推荐大家好好看看劲松这本凝聚了心力和智慧的书。总之，这是一本能帮助我们转变经营理念和优化心智模式的书，是一本企业在谋求生存发展和努力做强、做长的过程中值得读的书。

感谢劲松和快车道的智慧和分享！

祝食品业内所有企业和朋友成长与成功！

池向东

2022 年 3 月 3 日

（作者系中华全国工商业联合会烘焙业公会常务副会长、中国食品工业协会粽子行业委员会原会长、北京稻香村食品有限责任公司原常务副总经理）

# 快车道给中之杰食品的指导与忠告尽在此书中

企业的目的是创造顾客，有两个基本职能——营销与创新。劲松的《"买点"方法论——快车道的食品品牌打造法》是站在市场需求的外部来审视企业存在的问题。

快车道公司与中之杰食品合作了十年，劲松曾向我提供的非常宝贵的指导与忠告，你在这本书中都能找到。

王福胜

2022 年 3 月 8 日

（作者系长春中之杰食品有限公司董事长）

# 快车道张三丰教你"快、狠、准"

弓在于定位。

劲在于内生。

松在于永恒

天下功夫"唯快不破",破在于定位准确,在于内功强劲,在于永恒的动力。

快车道张三丰就是教你如何做到"快、狠、准"。

黄海瑚

2022 年 3 月 3 日

（作者系上海海融食品科技股份有限公司总经理）

# 附录二

## 大咖推荐（行业篇）

# 只有得到行业的认同与尊重才是成功

本家张劲松花费九年时间，将二十多年的从业经验和心得汇聚成一本书。欣闻《"买点"方法论——快车道的食品品牌打造法》付梓，作为此书的"怂恿者"和张总多年的行业知己，深感欣喜且欣然。

张总是这样一个人：他善于倾听，但从不迎合客户；他信奉独立思考，观点敏锐，直达客户内心；他的公司收费颇高，但从不缺客户。他的生意逻辑是，只有得到客户的认同与尊重才是成功的生意。客户的案子要么不接，接了就要给客户创造价值。

张总和我本人都是中国烘焙行业的服务者，也因此得以结识为友，针对这个行业的现状和发展前景多有交流与探讨。从 2002 年至今，我对张总可谓知根知底。我知道张总进入广告营销行业，其实是偶然的。他 25 年前只是"直觉"广告这行会火，然后就闯了进去。但最难能可贵的是，张总又是一个特别有营销"自觉"的人，他和他带领的快车道品牌咨询公司最初只做包装设计业务，但从一开始就不仅仅是就设计做设计，他们的每一个设计都不是单纯考虑视觉传达，而是偏执狂一般地往深处挖：挖企业背景、挖企业主的性格和"野心"、挖企业所在地的历史和文化，同时注重捕捉当时当地的流行时尚和趋势。

因为这种偏执狂一般的不断往深处挖的自觉性，让张总和他的公司做好了一个又一个深受赞誉的项目，给众多客户带来切切实实的业绩增长；也由于这种偏执狂一般的不断往深处挖的自觉性，张总本人的专业洞察和行业视野也不断地升华拓展，每每让与他有所交流的行业人士感到受益匪浅。我本人在中国焙烤食品糖制品工业协会任职，"在其位，谋其职"，自然不愿轻易放过这样一个"宝藏"，所以一有机会就邀请、鼓励张总参加烘焙行业的高端会议和各种活动，请他尽量多地分享他多年以来通过"不断深挖"得来的洞见和智慧。毫不意外的是，张总犀利的专业见解和风趣言辞总能让烘焙行业的企业主与从业者感到惊艳。

凭着有些鲁莽的"直觉"入行，凭着深思慎行的"自觉"提升，这是我作为一个旁观者和朋友对张总二十多年坚守之路的总结。可喜可贺的是，张总多年坚守的成果如今已经上升为一种最高阶和最具主动性的智慧形式——战略。快车道的主张是从战略到品牌到产品，再到创意表现和传播，于目前行业惯有的就创意谈创意、就设计谈设计和就产品谈产品的思维方式大相径庭。

中国烘焙行业的创业者，有不少是从商品短缺时代走过来的草根创业者，他们最大的优点是足够勤奋、踏实，坚守产品品质，而正是这些优点使他们更容易陷入"战略缺失"的陷阱。

　　坚守产品品质能够帮助我们的烘焙企业做到一定的规模，但想获得一个长远发展的前景，做成和奥利奥、可口可乐那样的百年品牌与跨国企业就一定离不开战略的指导。即便只是想成为一个细分领域内的隐形冠军也同样离不开战略的指导。

　　战略缺失不是哪一两个企业主的问题，而是行业目前面临的一个总体性难题。面对这样的难题，烘焙企业和行业无法完全依靠自身的力量来解决，至少这不是一种最经济、最有效率的解决方式。在专业分工的时代，我们应当善于引入专业性商业咨询机构乃至院校研究者等外部力量，其中当然包括像快车道这样的行业聚焦服务机构。"君子，善假于物也"。

　　快车道是中国焙烤食品糖制品工业协会食品包装专业委员会的副会长单位，是坚持聚焦于烘焙行业的企业战略、品牌塑造及包装设计的领航企业。他们二十多年来用专业的精神、先进的理念、优质的服务帮助烘焙企业发现和解决问题，先后服务过200多家知名企业，创造了一个又一个的成功案例，成为行业经典。

　　这本《"买点"方法论——快车道的食品品牌打造法》是烘焙行业的战略、品牌和包装设计经验的总结，有理论思考，有方法论总结，更有众多鲜活的案例讲解，相信可以帮助到每一位有"野心"把事业做得更好更大的烘焙行业的企业主和从业者。

　　最后，我还希望借着这个宝贵的机会，呼吁更多的烘焙行业从业者、第三方专业服务人士乃至关注这个行业的所有人都愿意像张总一样不吝分享自己的相关观点和见解，一起推动中国的烘焙行业更快更好地朝着品牌化发展的目标前进。

张　帅

2022 年 3 月 9 日

（作者系中国焙烤食品糖制品工业协会副理事长、秘书长）

# 行走在快车道上的张劲松

　　我与劲松可谓忘年之交，他一直谨守长幼有序之道称我"翁老师"，而我一直相守亦师亦友之谊称他"劲松老师"。

　　屈指算来，我们认识该有近十年了，我俩结缘于中国粽子文化节——业内同仁向我推荐，请他在中国粽子文化节的论坛上做关于营销品牌方面的辅导报告。

　　作为主办方，当我第一次审阅他提交的讲稿时，觉得内容务实、扎实，文字简洁还颇有文采，像是一位戴眼镜的文人，虽未谋面却留下了好印象。开会那天初见面，呵呵！其人与其文对不上号啊！"文如其人"在他身上全部失效。眼前这人，人高马大，头大、脸大、手大，反正什么都大，而恰恰是这个人，却轻声柔语地恭敬地对我说："翁老师，我是张劲松，向您报到来了。"呵呵！这人与这声音也对不上号啊！

　　他那天在我们行业做的第一次报告受到了与会者的欢迎，热烈的掌声是最好的见证。他的报告比提交的文字稿更精彩，因为他列举的都是他们实战的案例，个个掰开了揉细了，由表及里、由浅入深、由低及高地讲得清清楚楚、明明白白，确实令人茅塞顿开，受益良多。而我欣赏的是他的专业高水准以及语言表达的精彩魅力，确实功底不凡！此后每年粽子文化节我们总是邀请他来做报告，他也总是乐此不疲。但他总是很忙，我也总调侃他："你企业名称为什么叫快车道呀，你天天行走在快车道上多累啊！"而他再忙甚至推却别的安排，都会来参加我们的活动，给我们做报告。

从此他与我、与我们协会团队以及行业内的企业人员都成了朋友。大家也都会很自然地向他请教企业如何定位、品牌如何提升、形象怎么设计等方面的问题。他总会先耐心地倾听，并从倾听中提炼出精准的突破点，然后细致地以"一厂一议，一厂一方"的方法给出适合这个企业的建议与服务。因此，但凡他服务过的企业都取得了良好的收益，同时他与他的快车道也赢得了良好的口碑。

今天我写这段文字，是因为劲松老师的《"买点"方法论——快车道的食品品牌打造法》这本书即将出版，与大家分享。这是他在食品咨询行业勤奋耕耘、努力付出的经验结晶。而我作为一直鼓励他出这本书的人，知道他写这本书的不易，因为他实在太忙了，没有很多整段的时间让他静下心来思考和梳理，因此几番搁笔。每每于此，我总是叮咛他、鼓励他，甚至催促他。他历经八九年，前后几十遍修改手稿，终于把这本书写完了。我自己也出过几本书，深知一字一字扒出一本十来万字的书有多不易。因而我常有一种感悟，如将写书的文字比作是种草，有一首诗很贴切："离离原上草，一岁一枯荣。野火烧不尽，春风吹又生。"

我愿意为劲松老师书写这段文字，更重要的原因是，我看过并听过他的《洞察》《买点与卖点》的演讲与文字稿，其中最打动我的是：作为卖方的企业主体，你的一切行为准则的出发点与归宿点必须服从消费客体的买点。因为先有买才有卖，而我们的祖先早就知道这个哲理，是"买卖"而不是"卖买"，我相信你读了《"买点"方法论——快车道的食品品牌打造法》这本书一定会受益！

同时更期待行走在快车道上的劲松老师再出新书、好书，再与我们分享！

翁洋洋

2022 年 3 月 9 日于北京

（作者系中国食品工业协会坚果炒货专业委员会常务副会长、中国食品工业协会粽子行业委员会常务副会长）

# 一个耐得住寂寞的人和
# 一本耐得住精读的书

其曲弥高，其和弥寡。

烘焙行业中，做底层逻辑研究的人不多，劲松是我了解的同仁中致力底层逻辑研究时间最长、在工作中应用最好的一位。他带领的快车道品牌咨询，是从被动实践中的主动反思到主动实践中的主动反思这一进程中过渡得最好的企业之一。在这个过程中，他放弃了很多。转型时的企业正在上一个发展维度的巅峰期，他敏锐地看到了发展维度的瓶颈，带领团队重新构建快车道的核心服务框架，使企业的服务维度得到本质的提升。

当时他的判断和行动在我看来是激进且有巨大风险的。沟通中，他从烘焙行业未来发展的维度变化切入，详细分析了客户对快车道服务需求的变化趋势。这说服了我。然而，先于市场需求提供服务的乙方企业往往不被理解。快车道转型后，也有一段沉寂期，劲松没有怀疑，没有犹豫，而是全身心地投入到商业发展底层逻辑的研究中去，为烘焙行业发展的维度升级积蓄力量。

劲松是一个耐得住寂寞的人，能够在升维与降维中自由行走。与之商，见敏锐果敢；与之友，见细腻沉稳；与之竟，见坦荡从容。

大音希声，大象无形。

通读《"买点"方法论——快车道的食品品牌打造法》，既惊且喜，惊之于劲松已经把战略性、历史性、辩证性、发展性、底线性等哲学逻辑在具体工作中应用得如此纯熟，不显山不露水地显现于各个案例之中；喜之于这本书的行文方式不拘一格，普适性和代入感都很强，无论读者身处行业发展的哪个阶段，即便是行业新兵都能快速读懂并从中有所思考、有所借鉴。但不同的积累会让读者有不同的收获，所以这本书可以先初读，消化积累之后再精读，理论联系实际地读，相信每多读一遍都会让读者有新的收获。

深入浅出的境界是理论类著述最难触达的，劲松靠着25年的行业服务经验和夯实的底层逻辑研究，成功地用独特的视角和朴实的案例化繁为简，让理论表象化，让底层逻辑浮出水面。这是一本难得的好书。

单志明

2022 年 3 月 8 日于上海

（作者系中华全国工商联合会烘焙业公会常务副秘书长）

# 越是关键时刻越要重视方法的力量

　　15 年前就听说了快车道公司，每次展会也会去他们的展位看看，总是感觉耳目一新，但也只知道这是一家集品牌营销策划和产品包装设计为一体的公司。直至四年前，才有幸认识了快车道的总舵主张劲松先生，每次和他聊天都非常愉快。几个月前张总说他写了一本书，让我帮忙写个推荐，我当时委婉回绝了。一是我从来没有帮人写过推荐，责任重大，不敢写；二是我很少见到业内的好书，怕自己水平不够，不敢推荐。

　　张总把自己的智慧总结出来并写成书，这让我很佩服。近段时间，我也特别关注了张总和快车道公司的客户反馈，每每提到他和他们做的案子，大家都是点赞的。于是我又主动找张总了解书的内容。听他介绍完之后，我就更期待这本书了，并主动申请要来写这个推荐。

　　前面提到过，快车道的案子都是有很好的效果的，虽然好的方法不一定能达成好的效果，但产生好效果的方法一定是好方法。越是关键时刻越要重视方法的力量，我期待《"买点"方法论——快车道的食品品牌打造法》。

烘焙行业发展到现在依然在增长，但竞争却越来越大了，以前是遍地黄金，现在是需要挖地三尺了，而这种挖地三尺就需要方法。张总说，"一切从消费者未被洞察的买点出发"，这一观点我非常认同。猫走不走直线取决于耗子，现在耗子已经拐弯了，猫拐不拐弯？这就是企业的抉择点。越是关键时刻越要重视方法的力量，所以我期待《"买点"方法论——快车道的食品品牌打造法》。

烘焙行业已经开始进入精英时代，作为未来的烘焙精英，我们在千头万绪的工作中，如何找到方向？在做重大的决策前，如何下定决心？在不断变化的时代里，如何让自己不断进步？我们必须在实践中学习，向高手学习、向成功者学习，这是我们成长和解决问题的最好方法。只有掌握了优秀的方法，才能成就优秀的烘焙精英；只有掌握了优秀的方法，才能成就优秀的烘焙企业。越是关键时刻越要重视方法的力量，所以我更期待《"买点"方法论——快车道的食品品牌打造法》。

写了以上短短的文字，我也不知道是不是推荐，但确实是心有感悟之言，我深深地知道"方法不对努力白费"的道理。越是关键时刻越要重视方法的力量，所以我极力推荐《"买点"方法论——快车道的食品品牌打造法》给大家。

最后，还要感谢快车道张劲松先生的邀请，也感谢他和他团队的智慧总结与大气的分享。也祝各位烘焙同仁在

《"买点"方法论——快车道的食品品牌打造法》的指导下找到自己的"方法"，让自己天天向上，让企业天天向上。

苏　焜

2022 年 3 月 10 日

（作者系上海焙匠企业管理咨询有限公司总经理、中粮金焙工匠复兴烘焙培训学校校长）

# 文如其人，知行合一

　　傍晚时分收到劲松的微信消息，告诉我他的《"买点"方法论——快车道的食品品牌打造法》终于写完了，想让我写个推荐。第一时间是为他高兴，同时觉得这本书的问世真的不容易。认识劲松整整十年了，那时他就提到想把自己多年的行业经验总结成一本书，我很支持他的想法，但没想到这一写就是九年。

　　与劲松相识于 2012 年 5 月，那是在北京大学汇丰商学院入学考试的教室里，我们是前后座。巧的是 9 月开学时我们又分在了同一个组。他给我的初期印象是一个魁梧粗犷的北方汉子。随着逐渐熟悉、深入沟通之后，我发现他在营销和创意方面是如此细腻和独特。由于多年以来我一直从事营销管理工作，所以我与他有了更多的共同话题。他写这本书的初衷是，当时大家都在谈论如何寻找产品的卖点，而他认为卖点的思维逻辑是从品牌方的视角出发的，并不一定能打动消费者，消费者更关心的是自己的需求，最终只会为自己的需求买单，而不是你卖什么。劲松认为，所有的策略都应该以消费者的核心需求为出发原点，并把它定义为"买点"理论。这个说法很"劲松"！

　　劲松是一个复合性格的人，一方面他豪爽仗义，另一方面又感性细腻。他曾经一个人开着越野车穿越西藏墨脱崎岖险峻的山路，也曾经在毕业前最后一课发言时哭得泪眼婆娑；他可以和趣味相投的朋友整晚坐在路边摊撸串喝酒，也会对理念不同的客户拂袖而去。作为一个乙方公司的老板，二十多年来从来不为了拉业务和甲方喝酒应酬，居然还合约不断，也真是少见。

劲松服务的品牌基本上都是食品品牌，做了很多品牌的定位和形象升级的工作。他很少循规蹈矩，经常不按套路出牌。在行业内口碑和人缘都很好，熟悉他的人都知道，他喜欢直入主题，不绕弯，擅长用极具穿透力的语言来表达品牌诉求。他擅长在深入洞察消费者最核心的需求之后，提出精练而有力的买点，并集中资源打透，尤其在产品包装设计上下足功夫。他认为"好的产品包装会说话"。

为了汲取营养，他每年都会去中国台湾、韩国、日本这些地方待上一段时间。五公里以内的距离，他都喜欢用步行的方式走过去，他说这样的方式有利于观察和思考，更能深入了解当地的文化、商业和流行趋势等，更能深入探究其背后的逻辑。他乐此不疲。

打开电脑写推荐的时候，我脑海中冒出了"粗中有细，知行合一"八个字。"粗中有细"是指他外表的粗犷和内心的感性细腻形成的巨大反差；"知行合一"指的是他在二十多年的工作中坚持原则，不违心迎合，不愿为了多揽生意而委曲求全，但一旦决定了合作就倾尽全力、精益求精。他的这种坚持和坚守令我非常佩服。

最后将《"买点"方法论——快车道的食品品牌打造法》

这本书诚挚地推荐给对营销、品牌管理感兴趣的朋友们，相信其中独特的观点和视角一定能与你碰撞出更多的火花和买点。

周　峰

2022 年 3 月 3 日

（作者系美菜网副总裁）

# 买点快车道　共生张劲松

买点理论，是张劲松在业内最先提出的品牌策划理论。不同于营销行业通常所说的"卖"点，买点是为客户的客户即产品的最终用户着想，当然技高一筹，因为买点着力于解决用户的核心需求或者痛点。由于其底层的买点逻辑的支撑，快车道品牌咨询公司能陪一个客户走很多年，从无到有，从小到大。

记得劲松最早提出买点理论，是十多年前的事情，他可以算是第一个提出并付诸实践的先行者。"不从企业和产品的角度出发，而是以用户的需求为底层逻辑去思考和解决问题"，能率先提出和践行这种买点方法论，足见迄今已走过25年历程的快车道在品牌营销策划上已经有了自己独特而成熟的理解。

买点方法论固然是快车道公司的核心竞争力，但我在这里想另辟蹊径聊聊张劲松在烘焙行业的共生价值。在商业上，"共生"有两种表现形式：一是组织的共生，二是商业价值的共生。

多年以前，我曾开玩笑说张劲松是拿着金饭碗要饭，其实真不是开玩笑：张劲松能深耕烘焙行业的品牌策划，而且大客户占比大，服务周期动辄以十年计，没两把刷子是玩不转的。究其背后的原因，是客户已经认识到快车道公司、张劲松就是最合适的选择。是不是最好不知道，其实也没有最好，只有最合适。在我看来，这其实就是"共生"的最基本含义：持续地彼此关联，共同创造商业价值。能共生，必须有信任，信任是共生的前提。

借着这篇推荐，我想天马行空地聊一下张劲松之于烘焙行业的共生价值：

（1）在烘焙行业，快车道公司已经服务了很多区域品牌，而且是区域内强势品牌，服务时间很长，信任度很高；

（2）区域品牌的发展受创始人和外部因素的影响，发展水平和阶段参差不齐；

（3）某些区域品牌之所以能成为区域内的强势品牌，是因为抓住了先发优势和历史红利，但由于互联网应用技术的不断发展，线上流量逻辑取代了原来的渠道、铺面逻辑，未来发展面临新的竞争压力；

（4）区域品牌具备生产条件完善、研发能力突出、供应链能力强等优势。

基于以上四点，张劲松未来需要考虑的是从践行快车道公司与各个品牌方之间的双方共生，进阶为连接不同的区域品牌方，促成区域品牌之间的多方共生，进而形成行业共生价值，这才是对社会、行业、客户（品牌）以及用户的更大贡献。

在此不详细展开商业价值共生的逻辑与路径，只期待以后有机会和张劲松一起在烘焙行业做一次共生商业价值的创新，让创新见成效，不再抱着金饭碗要饭。

余维江

2022 年 3 月 12 日

（作者系深圳市红十三产业投资管理股份有限公司创始合伙人）

# 附录三

## 参考书目

1. ［美］艾·里斯（Al Ries）、［美］杰克·特劳特（Jack Trout）著，寿雯译：《22 条商规》，机械工业出版社 2013 年版。

2. 金错刀：《爆品战略：39 个超级爆品案例的故事、逻辑与方法》，北京联合出版公司 2016 年版。

3. ［美］琳达·哥乔斯（Linda Gorchels）著，祝亚雄、冯华丽、金骆彬译：《产品经理手册》，机械工业出版社 2017 年版。

4. 华杉、华楠：《超级符号就是超级创意》，江苏凤凰文艺出版社 2016 年版。

5. 魏炜、张振广、朱武祥：《超越战略》，机械工业出版社 2017 年版。

6. 李欣频：《诚品副作用》，电子工业出版社 2011 年版。

7. 叶茂中：《冲突》，机械工业出版社 2019 年版。

8. ［加］哈罗德·伊尼斯著，何道宽译：《传播的偏向》，中国传媒大学出版社 2018 年版。

9. 梁佐林：《创意总监》，新世界出版社 2011 年版。

10. 刘飞：《从点子到产品：产品经理的价值观与方法论（纪念版）》，电子工业出版社 2019 年版。

11. 沈志勇：《大单品品牌》电子工业出版社 2013 年版。

12. ［德］赫尔曼·西蒙（Hermann Simon）著，蒙卉薇、孙雨熙译：《定价制胜：大师的定价经验与实践之路》，机械工业出版社 2017 年版。

13.[美]艾·里斯（Al Ries）、[美]杰克·特劳特（Jack Trout）著，邓德隆，火华强译：《定位》，机械工业出版社 2017 年版。

14.李思屈：《东方智慧与符号消费》，浙江大学出版社 2003 年版。

15.魏炜、朱武祥：《发现商业模式》，机械工业出版社 2008 年版。

16.[法]罗兰·巴尔特（Roland Barthes）著，李幼蒸译：《符号学历险》，中国人民大学出版社 2007 年版。

17.[英]杨东念、[英]露西·艾特肯著，郑香霖、郭志明、王佩璇审译：《改变——致胜 ROI 之道》，新星出版社 2009 年版。

18.曾巧、王水：《共生：中国数字营销猛进史》，电子工业出版社 2021 年版。

19.[美]帕科·昂德希尔（Paco Underhill）著，刘尚焱、缪青青译：《顾客为什么购买》，中信出版社 2016 年版。

20.[美]彼得·德鲁克（Peter F. Drucker）著，齐若兰译，那国毅审订：《管理的实践》，机械工业出版社 2009 年版。

21.叶茂中：《广告人手记》，朝华出版社 2011 年版。

22.[美]理查德·鲁梅尔特著，蒋宗强译：《好战略，坏战略》，中信出版社 2017 年版。

23.芮斌、熊玥伽：《华为终端战略》，浙江大学出版社 2018 年版。

24.[美]杰克·特劳特（Jack Trout）、[美]史蒂夫·里夫金（Steve Rivkin）著，谢伟山、苑爱东译：《简单的力量》，机械工业出版社 2011 年版。

25. ［美］迈克尔·波特（Michael E.Porter）著，陈丽芳译：《竞争战略》，中信出版社 2014 年版。

26. ［美］沃尔特·翁（Walter J.Ong）著，何道宽译：《口语文化与书面文化：语词的技术化》，北京大学出版社 2008 年版。

27. 赵慧主编：《蓝瓶物语》，东方出版社 2018 年版。

28. 李诞：《李诞脱口秀工作手册》，江苏凤凰文艺出版社 2021 年版。

29. 高朋：《卖故事》，江苏文艺出版社 2014 年版。

30. 林桂枝：《秒赞：文案女王 20 年创作技巧与心法》，中信出版社 2021 年版。

31. 张云、王刚：《品类战略》，机械工业出版社 2017 年版。

32. 苏杰：《人人都是产品经理》，电子工业出版社 2021 年版。

33. 宫玉振：《善战者说——孙子兵法与取胜法则十二讲》，中信出版社 2020 年版。

34. 魏炜、李飞、朱武祥：《商业模式学原理》，北京大学出版社 2020 年版。

35. ［美］艾·里斯（Al Ries）、［美］杰克·特劳特（Jack Trout）著，邓德隆、火华强译：《商战》，机械工业出版社 2017 年版。

36. ［日］原研哉著，朱锷译：《设计中的设计》，山东人民出版社 2006 年版。

37. ［美］杰克·特劳特（Jack Trout）著，火华强译：《什么是战略》，机械工业出版社 2011 年版。

38. ［美］菲利普·科特勒（Philip Kotler）、［美］加里·阿姆斯特朗（Gary Armstrong）著，楼尊译：《市场与营销：原理与实践（第16版）》，中国人民大学出版社2015年版。

39. ［奥地利］路德维希·维特根斯坦著，涂纪亮译：《文化与价值》，北京大学出版社2012年版。

40. 巫鸿编著：《物尽其用：老百姓的当代艺术》，上海人民出版社2011年版。

41. 牧之：《消费者行为心理学》，江西美术出版社2017年版。

42. ［美］菲利普·科特勒（Philip Kotler），［印尼］何麻温·卡塔加雅（Hermawan Kartajaya），［印尼］伊万·塞蒂亚万（Iwan Setiawan）著，王赛译：《营销革命4.0》，机械工业出版社2018年版。

43. ［美］科特勒等著，王永贵等译：《营销管理》，中国人民大学出版社2012年版。

44. ［美］杰克·特劳特（Jack Trout），［美］史蒂夫·里夫金（Steve Rivkin），火华强译：《与众不同：极度竞争时代的生存之道》，机械工业出版社2011年版。

45. 王力哲编著：《博弈论》，民主与建设出版社2018年版。

46. ［美］威廉·庞德斯通（William Poundstone）著，闾佳译：《无价：洞悉大众心理玩转价格游戏》，华文出版社2011年版。

47. 唐十三、谭大千、郝启东：《品类十三律》，机械工业出版社2018年版。

48. 冯卫东：《升级定位》，机械工业出版社2020年版。

# 后记

# 我没想到说书容易写书难

最早有写本书的念头的时候，我就预计到，写书这事儿应该是挺难的，当时的感觉是观点还不够成熟、自己的案例还不够多，诸如此类，总之就是有好多好多的难点。没想到真正开始动笔的时候，这些都不是问题了。难的反而是将语言落实成文字，这是两种完全不同的表达方式。从原来的"张口道来"落实为严谨的书面文字，所有的细节都需要一一研究和打磨。我又特别想把这本书写得更清晰，既有专业高度，又通俗易懂。

品牌方专注的是销售和生产，而快车道专注的是策划和设计，这是两个完全不同的领域。我在中间起的作用，是把品牌方的要求"翻译"成设计和策划人员能听懂的话，再把设计和策划人员的思想"翻译"成品牌方能听懂的话，成为几者之间沟通的桥梁。

品牌方关心的是"我卖什么"，消费者关心的是"这个东西跟我有什么关系"，这又是两种完全不同的需求。品牌方说的话如果太专业，消费者就会不听，而消费者的需求，品牌方又经常洞察不到。那么，我们快车道用"买点思维"在其中发挥一个沟通的作用，就简单有效了。

我架起了设计、策划人员与品牌方之间的桥梁，快车道架起了品牌方和消费者之间的桥梁。

这个是我擅长的，也是快车道擅长的。

沟通特别重要，是个技术活儿，我自问做得还行，但要将这里面的门门道道变成写在纸上的文字，就让我感觉有些困难了。前前后后，历经九年时间，我终于还是完成了这本《"买点"方法论——快车道的食品品牌打造法》。

成书的过程固然煎熬，不过，我敢说一句话：这本书，全是干货！

关于这本书的最早构思，据我目前所见的、在互联网上留下印迹的最早记录是 2015 年，但其实早在 2012 年，这本书就已经开始写了。

我在前面也提到了，最初真没想到写这本书有这么难，不管如何，书稿终于在 2022 年 2 月 19 日定稿了！剩下的事情就是干一件但凡作者都要干的事——找人写序。

我该找谁写序呢？肯定是我们的客户和行业内有影响力的人，于是我列出了一份长长的名单。为什么我要列一份这么长的名单？因为我担心别人不给我写呀！我想着的是，只要有两三个人给我写就满足了，扯个虎皮做大旗嘛！

细心的读者会发现，推荐序的落款时间大都集中在 3 月 8 日左右。那是因为从 2 月 19 日至 3 月 8 日这些天，我一直在琢磨如何措辞，如何说动这些行业领袖给我写这个序。最后还是厚着脸皮，跟他们说："我有个不情之请，我总结了一些经验和行业分享，终于完成了一本书，也是给自己做一个总结，希望得到您的加持……"其实这个信息是群发的，发出去之后的两个小时是我最紧张的阶段。

"怎么就没人回信呢？我的人品这么差吗？还是我这本书

的内容不行啊?"我们都知道,当一个人给别人写序作推荐的时候,其实是在拿自己的行业地位和声誉给作者做背书,都是慎之又慎的。

等候良久,终于有人回复了:"张总,我刚才在喝酒,现在处于半梦半醒之间,明天写行吗?"还有人说:"好,我帮你写!"

从3月3日至8日,受我拜托的各位朋友陆陆续续将序言发过来了,每一位收到邀请的朋友都帮我写了!但我看完了之后只感觉非常汗颜,因为他们的序文里面都充满溢美之词,而这些溢美之词在我看来,居然觉得毫不夸张,还很情真意切。

我有这么优秀吗?我这么优秀我自己知道吗?其实,我知道我还有太多的地方做得不够好,大家都这么夸我,那我以后该如何做得更好呢?

《"买点"方法论——快车道的食品品牌打造法》这本书的核心是阐释我公司独有的一套方法论的,这么多生动的溢美之词一衬托,书中内容看着似乎又多了一份干巴,不像我平常去做演讲时,可以有很多细致的剖析,可以很生动了。脑子里的观点和在文档中写出来的,是有距离的,真的很难表达到位。怎么办?序言会不会比书的内容更丰富呢?会不会让读者觉得这些行业领袖、业界大V的夸赞太过了呢?这些序言还要不要放上呢?上吧!

前面我也说过了,这本书我一定要先出版出来,以后再修订再精进,逐步深入和提炼,以便将我们快车道的理论表达得更精准,内容更丰满。

快车道也是经历了25年才取得了如今的成绩,我们所有的客户也不是在一开始就做得这么优秀的。想到这儿，我更有信心了，罗马不是一天建成的，慢慢干吧！谁能保证一次就把一件事情做到最好呢。先把这本书出版了吧，各位行业领袖的夸赞对我是一个长期的鞭策，而我更恳请所有翻开拙作的读者批评指正，如此，未来的我和未来的快车道才能变得更加优秀。

张劲松

2022 年 3 月 10 日

# 洞察买点思维
## 实现从产品到品牌到文化占领

智能阅读向导为正在阅读本书的你，提供以下专属服务

**思维解读**

先破后立，构建全新思维体系

**营销课程**

经典课程，营销竞争快人一步

**品牌案例**

实战案例，现实问题迎刃而解

☑ **色彩报告：** 来看看你是那种颜色的创意人吧

☑ **读书笔记：** 在线编辑，随时记录本书阅读心得

**扫码添加智能阅读向导**

加入学习交流社群